Schmelich/Nussbaumer

Das Kita-Kochbuch

Guido Schmelich ist hauptberuflich seit zwei Jahrzehnten als Drehbuchautor und Fotograf tätig, er wagt aber immer wieder den Exkurs in neue Themenwelten. Das *Kita-Kochbuch* ist sein viertes und persönlich wichtigstes Kochbuch, wie er selber sagt, da es sich explizit mit einem Thema befasst, das die Ansprüche und Bedürfnisse von Kindern, Eltern und Kindertagesstätten gleichermaßen bedient. Einen optimalen gemeinsamen Nenner zu finden war dabei sein selbsterklärtes Ziel, denn: *»Was nützt das gesündeste Essen, wenn es nicht schmeckt?«* Der zweifache Vater lebt und arbeitet in München und hat als Sammler und Erfinder von Kochrezepten über viele Jahre hinweg ein inzwischen großes Rezepte-Archiv zusammengestellt, für das er bereits als Kind den Grundstein gelegt hat.

Helmut Nussbaumer ist Koch und Diätassistent und hat vier Jahre für eine Kita in Deutschland gekocht. Renommierte 5-Sterne-Hotels in Europa gehörten ebenso zu seinen Stationen wie mehrere Aufenthalte auf einem Kreuzfahrtschiff. Als Ernährungsberater/DGE arbeitet er heute in der ernährungsmedizinischen Schwerpunktpraxis Drs. med. Braun sowie dem angeschlossenen Diabeteszentrum in Burghausen. Er ist Referent bei Ernährungsfachkräften und anderen Multiplikatoren. Namhafte Firmen und Institutionen berät er im Rahmen der betrieblichen Gesundheitsförderung sowie bei der Optimierung des Verpflegungsmanagements. Als Vater zweier Söhne sorgt er auch zu Hause gerne für ein ausgewogenes Essvergnügen.

Guido Schmelich
Helmut Nussbaumer

Das Kita-Kochbuch

Die Küche im Griff und der Meute schmeckt's

TRIAS

TIM
LEA

Die Erbse im Kartoffelbrei

Kinder sind ja so ziemlich das Unberechenbarste, was es gibt. Meine jüngste Tochter Ellie zum Beispiel lutschte mit gerade mal zehn Monaten vorzugsweise an frisch aufgeschnittenen Zitronen, knabberte heimlich an Ingwerknollen und schreckte selbst vor exotischen Gewürzen nicht zurück. Curry, Kreuzkümmel, geräucherter Paprika, alles kein Problem. Es schien ihr geradezu ein Bedürfnis zu sein, Fremdes auszuprobieren, Konsistenzen, Kombinationen und Aromen zu erkunden, vor allem aber immer genau das essen zu wollen, was auch wir Erwachsenen aßen. Egal ob Fleisch, Fisch, Gemüse oder Nudeln – zerdrückt, verstampft oder püriert akzeptierte sie so ziemlich alles, was der Mittagstisch hergab. Und erfreute sich dabei stets bester Gesundheit.

Heute sehen die Dinge etwas anders aus. Mit ihren mittlerweile zwei Jahren ist Ellie noch immer ein gesundes fröhliches Kind, doch ihre Essgewohnheiten haben sich grundlegend geändert. Alles, was man ihr vorsetzt, wird zunächst akribisch beäugt und seziert, bevor darüber entschieden wird, ob es überhaupt für die Nahrungsaufnahme infrage kommt. Das geht zum Teil so weit, dass ihr eine einzelne Erbse im Kartoffelbrei den ganzen Tag vermiesen kann und ein Petersilienblättchen neben dem Rührei als Anschlag auf Leib und Seele interpretiert wird.

Tagesmütter, Kindergärtner und Erzieher, kurz: all jene, die tagtäglich mit der Verpflegung von Kita-Kindern zu tun haben, können sicher ein Lied davon singen: die lieben Kleinen haben eben ihren eigenen (Stur-)Kopf. Es gibt Tage, da geht nichts über frisches Gemüse, Tage, an denen nichts »Rotes« oder »Gelbes« gegessen wird, und Tage, an denen nur Flüssiges akzeptiert wird. Ballaststoffe, Vitamine und Mineralstoffe müssen dann schon mal gut versteckt in einem frisch gemixten Vollwert-Smoothie ins Kind befördert werden. Gemüse wandert in geraspelter, zerdrückter und pürierter Form in Aufläufe, Pasta oder Wraps. Und auch »Essen nach Farben« oder das Ausprobieren neuer Zutaten sind weitaus unproblematischer, wenn Kinder die Möglichkeit haben,

Unliebsames auf dem Teller einfach auszusortieren. Eine Erkenntnis hat mich als Papa und Kinderkoch in gewissen Mag-ich-nicht-will-ich-nicht-Momenten allerdings immer verlässlich vor der völligen Verzweiflung bewahrt: Auch das wählerischste Kind kapituliert früher oder später vor seinem knurrenden Magen und vergisst seine tagesaktuellen Vorlieben, noch bevor das Scheppern des letzten Topfdeckels verklungen ist. Da mag kann der eigene Wille noch so eisern sein. Der Hunger setzt sich am Ende durch, und der gerade noch verschmähte und sonst so geliebte Möhrenstampf ist plötzlich wieder das beste, leckerste Essen der Welt …

Ich gebe zu, der Gedanke, dass meine Ellie in nicht allzu ferner Zukunft eine Kita besuchen wird, bereitete mir selbst lange Zeit Unbehagen. Ich dachte nur: Wer wird sie trösten, wenn sie mal wieder eine Erbse findet, wo keine hingehört? Wenn sie mit weltverachtendem Blick die Arme verschränkt, weil sich auf ihrem Teller irgendein in Sauce ertränktes Irgendwas befindet? Wenn sie mit schmollender Schnute nach Hause kommt, weil's ihr mal wieder nicht geschmeckt hat? Vielleicht ist das der Grund, weshalb ich *Das Kita-Kochbuch* geschrieben habe. Denn ich bin sicher, dass es mit diesem Buch in Zukunft weitaus weniger Schmoll-Schnuten in deutschen Kitas geben wird. Und all diejenigen, die sich regelmäßig oder gar täglich um die Verköstigung kleiner Gourmets kümmern, dürfen sich über ein praktisches »Working Tool« freuen, das ihnen die Arbeit in der Kita-Küche spürbar erleichtert. Neben zahlreichen köstlichen Rezeptideen finden Sie hier alles, was Sie über das Zubereiten von Speisen für Kita-Gruppen wissen müssen. Tipps für eine ausgewogene Ernährung, Monatspläne für jede Jahreszeit und das Wichtigste über die Lagerung von Lebensmitteln, Hygiene, Allergien und Unverträglichkeiten.

In diesem Sinne: Gewöhnen Sie sich besser schon mal an den Anblick abgeleckter Teller und lassen Sie sich überraschen, wie mühelos Sie einfache, abwechslungsreiche und saisonale Gerichte auf die Tische zaubern werden. Tag für Tag, Woche für Woche, rund ums Kita-Jahr.

Dabei gutes Gelingen & viel Spaß wünscht Ihnen

Guido Schmelich

Mission: Gemeinschafts-verpflegung in der Kita

Es ist schon eine Herausforderung, jede Woche neue Essenspläne zu erstellen – mit Speisen, die den Kindern schmecken, den Eltern gesund genug sind und den Betreuern nicht zu viel Arbeit machen. Die gute Nachricht: Es geht!

Alles easy: Kochen für kleine oder große Gruppen

Ob als geübter Koch oder Neuling am Herd – unser Buch bietet Tagesmüttern, Eltern und Kita-Betreuern leckere und gesunde Kochideen, die maximales Essvergnügen garantieren. Ganz egal, ob sie nur für ihre eigenen oder gleich für 20 Kinder kochen wollen.

Der Großteil der gut 50 000 Kindertagestätten in Deutschland, die alle per Gesetz dazu verpflichtet sind, mindestens eine warme Mahlzeit pro Tag anzubieten, lässt sich heute von externen Großküchen beliefern. Das ist kaum verwunderlich. Denn ab einer gewissen Anzahl zu betreuender Kinder würde das Selberkochen einen unüberschaubar großen logistischen Aufwand bedeuten, zudem wäre es betriebswirtschaftlich nicht zu leisten. Und doch: Bedauerlich ist dieser Umstand allemal. Frisch gekochtes Essen ist einfach das beste Essen, das wir unseren Kindern bieten können. Sie nehmen es durchaus wahr, wenn jemand aus einer Gurke einen Salat macht, wenn es aus der Küche duftet, wenn es zischt, blubbert und brutzelt. Sie merken, da ist ein Mensch, der für sie kocht. Ein Aspekt, der bei der Auswahl des Krippenplatzes, Kindergartens oder Schulhorts möglicherweise viel zu wenig Beachtung findet.

Das Kita-Kochbuch richtet sich vor allem an kleinere Einrichtungen, Tagesmütter sowie private Eltern- und Betreuungsinitiativen, die besonderen Wert darauf legen, das Essenangebot qualitativ zu optimieren. Das fängt bereits bei der Auswahl der Lebensmittel an. Entscheiden Sie selbst, ob Sie Bioprodukte verwenden wollen oder nicht. Oder setzen Sie sich zumindest eine »Bio-Quote«. Kaufen Sie zusammen mit den Kindern ein, gestalten Sie mit ihnen die Wochenpläne und lassen Sie sie beim Kochen der Speisen kleine Aufgaben übernehmen.

Kinder im Alter zwischen ein und sechs Jahren sind eine ganz besondere Zielgruppe. Vorlieben und Abneigungen bezüglich des Essens werden in dieser Zeit stark geprägt. Den Erwachsenen eröffnen sich dank eines reichhaltigen Speiseangebots tagtäglich viele Möglichkeiten, den Nachwuchs an die unterschiedlichen Lebensmittel zu gewöhnen. Nutzen Sie dies als Chance! In Zeiten, in denen Nahrungsmittel Strichcodes tragen, Supermarktregale immer voll sind und frische Erdbeeren sogar in den Wintermonaten zur Verfügung stehen, ist es umso wichtiger, Kinder für eine gesunde, vernünftige Ernährung zu sensibilisieren. Überdies eignet sich das Kleinkindalter hervorragend für erste spielerische Sinnesschulungen: Gerüche, Farben und Geschmäcker zu erleben und unterscheiden zu lernen, ist nicht nur spannend, sondern auch unterhaltsam. Bestes »Edutainment«.

Sinnes- und Geistesschulungen in den Kita-Alltag zu integrieren, ist im Übrigen kein Hexenwerk. Beobachten Sie mit den Kindern, wie Hefe einen Teig aufbläht, verwenden Sie frische Kräuter aus dem eigenen Kräutergarten oder trauen Sie sich, regelmäßig Rezepte aus anderen Kulturkreisen auf den Tisch zu bringen. Eine Banane, Pizza oder Döner sind letztlich auch »Ausländer« – und was glauben Sie, wie sehr sich die kleine Sara aus dem Libanon freut, wenn hin und wieder Falafelpops mit Orangen-Couscous auf dem Speiseplan stehen und sie stolz darüber berichten kann, dass dieses Essen aus ihrem Heimatland kommt.

Unser Buch bietet Ihnen viele Anregungen, gesunde Ernährung und Esskultur zu einer tragenden Säule ihres Kita-Konzeptes zu machen. Und das alles ohne viel Aufwand und dogmatische Zeigefinger. Die Rezepte werden sowohl Kochprofis als auch -anfängern gleichermaßen Freude bereiten. Denn über längere Vorbereitungszeiten, komplizierte Mengenberechnungen oder Menükombinationen müssen Sie sich eigentlich keine Gedanken mehr machen. Es sei denn, Sie wollen. Dann nutzen Sie dieses Buch als Inspiration, variieren Sie Zutaten und Rezepte nach Ihren persönlichen Vorstellungen und überraschen Sie die Kinder mit stets neuen, abwechslungsreichen Speisen.

Wie dieses Buch funktioniert

Die Rezepte in diesem Buch orientieren sich an den Qualitätsstandards für die Verpflegung in Tageseinrichtungen für Kinder nach Maßgabe der Deutsche Gesellschaft für Ernährung (DEG). Ziel ist es, Ihnen dabei zu helfen, das Speiseangebot in Ihrer Einrichtung gesundheitsfördernd zu verbessern, Ihr Zeitmanagement zu optimieren und Kosten zu sparen.

Damit Sie gut durch das Kita-Jahr kommen, finden Sie im Kapitel »Beispielspeisepläne für jede Jahreszeit nach Rezepten aus diesem Buch« (S. 26) vier beispielhafte Monatspläne mit speziellem Augenmerk auf die jeweilige Saison. Natürlich können Sie die Rezepte aber auch untereinander austauschen. Viele sind universell einsetzbar und eignen sich nicht nur für eine Jahreszeit.

Mehr als nur Rezepte

Einfache Zutaten. Auf Rezepte mit speziellen, schwer zu beschaffenden oder teuren Einzelzutaten wurde verzichtet. Sollte sich aber doch mal ein »Exot« in der Zutatenliste befinden, enthalten Sie entsprechende Hinweise für Alternativen. Grundsätzlich sind die Rezepte so gestaltet, dass sie ganz leicht nach eigenem Gusto abwandelbar sind. Ihre eigene Kreativität (oder die der Kinder) ist immer herzlich willkommen!

Zubereitung, Timing und Technik. Für Kindergruppen zu kochen erfordert nicht nur größere Töpfe, sondern in manchen Fällen auch spezielle Kochverfahren. Vitamine, Nähr- und Mineralstoffe, die sich in unseren Lebensmitteln tummeln, sollten stets schonend behandelt werden, damit sie nicht zerstört werden. Richtige Temperaturen, Kochzeiten und Garmethoden spielen hierbei eine ganz entscheidende Rolle. Deshalb sind sie in den Rezepten immer exakt auf die jeweiligen Zutaten abgestimmt. Auf S. 23 finden Sie zu diesem Thema übrigens eine praktische Tabelle, die Ihnen bei alternativen Zutaten behilflich sein kann.

Allgemeine Kochtipps. Wie bleibt das Gemüse grün? Wie bekomme ich Riefen in meine Gnocchi? Und wie wendet man ein Riesenrösti in der Pfanne? Tricks und Kniffe bei Tisch und in der Küche finden Sie in nahezu in jedem Rezept und können von großem Nutzen sein. Sie werden sehen, mit der Praxis kommt die Routine und mit der Routine die Sicherheit. Dieses Buch wird Ihnen dabei helfen, sich in der Kita-Küche wohl zu fühlen.

Hinweise zu Allergien und Lebensmittelunverträglichkeiten. Ein heikles Thema, dem Sie besondere Aufmerksamkeit schenken sollten, denn letztlich tragen SIE die Verantwortung für die Kinder. Sofern sich ein möglicherweise allergener Stoff in der Zutatenliste befindet, finden Sie einen Hinweis und gegebenenfalls eine Alternative dazu im Rezept. Auch laktosefreie Gerichte sind gut zu erkennen. So werden Sie keinerlei Probleme haben, individuellen Bedürfnissen einzelner Kinder nachkommen zu können.

Saisonales. Passen Sie die Auswahl der Gerichte den Jahreszeiten an, dann können Sie sich immer über die gute Qualität der frischen Zutaten freuen. Entsprechende Hinweise finden Sie in den Rezepten. Achten Sie darauf, beim Einkauf nicht nur das saisonale Angebot an Obst und Gemüse zu nutzen, sondern kaufen Sie möglichst oft Produkte aus der Region. Das schont das Budget und schützt die Umwelt. Gestatten Sie sich und den Kinder aber auch Ausnahmen. Besser, Kinder essen hin und wieder auch ein Stück Obst aus fernen Ländern als überhaupt kein Obst.

Hygieneregeln. Ein Thema, dem ebenfalls ein Kapitel gewidmet wird. Denn für einen Lebensmittelunternehmer – und das ist eine Kita! – gelten ganz spezielle Hygieneregeln bei Tisch und in der Küche, die Sie vor allem im Sinne der Gesundheit der Kinder beherzigen sollten. Zudem sind Kitas angehalten, in bestimmten Fällen Lebensmittelproben zurückzustellen, um bei einer lebensmittelbedingten Erkrankung schnelle Aufklärung leisten zu können.

Qualität und Art der Essensversorgung

Viele Eltern machen es bereits goldrichtig und kümmern sich gleich von Anfang an mit Bedacht um die Ernährung ihrer Kinder. Das geht sogar ganz ohne Verbote und erhobenem Zeigefinger. Dass man Kindern gesundes Essen grundsätzlich heimlich unterjubeln muss, ist ein weitverbreiteter Irrglaube. Sofern man sie frühzeitig an eine abwechslungsreiche, kluge Ernährung gewöhnt, gibt es später keine Probleme.

So kommen Kinder gut durch den Kita-Tag

Essen ist der »Treibstoff« für den Körper. Gerade unsere Kinder brauchen das richtige Essen zur richtigen Zeit, um körperlich und geistig fit zu sein. Ein ausgewogener Speiseplan entscheidet langfristig über Wachstum und Gesundheit der Kinder, das kurzfristige Wohlbefinden hingegen hängt oft unmittelbar von der Art und Weise der letzten Mahlzeit ab. Burger, Pommes und Limo sind blitzschnell im Kind verschwunden, doch wirklich wohl fühlen wird es sich danach kaum. Zudem folgt auf den raschen Blutzuckeranstieg ein anschließender Abfall desselben, der Hunger meldet sich bald zurück, Konzentration und Kreativität lassen nach.

Jüngeren Kindern ist es zunächst mal egal, ob ein Essen ernährungsphysiologisch »sinnvoll« ist oder nicht. Insofern kann man von ihnen nicht allzu viel Eigenverantwortung erwarten. Sie wollen, dass es ihnen schmeckt. Und dass sie satt werden. Angesichts der Tatsache, dass »schnelles« Essen heutzutage fast immer und überall verfügbar ist, ist es daher umso wichtiger, dass wir bereits Kindern im Vorschulalter einen »Schubs« in die richtige Richtung geben und sie an eine gesunde Ernährung gewöhnen. Dabei geht es nicht darum, das allseits beliebte Fastfood, Knabbereien oder Süßes grundsätzlich zu verteufeln, sondern ihnen Stück für Stück beizubringen, sich insgesamt ausgewogen zu ernähren.

Was heißt das eigentlich – ausgewogen?

Viele Kitas orientieren sich schon heute an den Regeln der Optimierten Mischkost (OptimiX©), eines Ernährungskonzepts, das vom Forschungsinstitut für Kinderernährung (FKE) in Dortmund entwickelt wurde und den heutigen wissenschaftlichen Erkenntnissen über die richtige Ernährung von Kindern und Jugendlichen folgt. Optimierte Mischkost bedeutet im Wesentlichen: weniger Fett, weniger gesättigte Fettsäuren, weniger Zucker, stattdessen mehr komplexe Kohlenhydrate und Ballaststoffe. Für eine ausgewogene Ernährung ist ein nährstoffoptimierter Speiseplan nach Regeln von OptimiX© ein erster wichtiger Schritt, nicht zuletzt, da die verwendeten Lebensmittel 100 Prozent der benötigten Nährstoffe, aber nur 90 Prozent des Energiebedarfs liefern. Vorteil: kleine »Sünden« werden leichter verziehen. Die ein oder andere Knabberei zwischendurch fällt langfristig weniger ins Gewicht. Für weiterführende Informationen zum Konzept der »Optimierten Mischkost« und zu deren ganzheitlichen Ernährungsansatz empfehlen wir einen Besuch der Seite www.fke-do.de.

Die Optimierte Mischkost lässt sich in drei einfache Regeln zusammenfassen:

- Reichlich: Getränke und pflanzliche Lebensmittel
- Mäßig: tierische Lebensmittel
- Sparsam: fett- und zuckerreiche Lebensmittel

Im Mittelpunkt der täglichen Ernährung in der Gemeinschaftsverpflegung stehen demnach Getreide, Getreideprodukte (z. B. Haferflocken, Brot, Nudeln, Reis), Kartoffeln, Gemüse, Hülsenfrüchte und Obst sowie reichlich kalorienfreie Getränke. Ergänzt werden diese pflanzlichen Lebensmittel durch Milch und Milchprodukte, Fisch, Eier, mageres Fleisch und Fleischerzeugnisse.

Auswahl und Zubereitung der verwendeten Lebensmittel in Kindertagesstätten

Für unsere Kinder nur das Beste. Denn gerade in der Wachstumsphase braucht Körper eine optimale Versorgung. Die Auswahl an Lebensmitteln und deren korrekte Handhabung spielt in der Gemeinschaftsverpflegung deshalb eine ganz entscheidende Rolle.

Getränke. Trinkwasser sollte immer frei verfügbar und leicht zugänglich sein. Zur Mittagsmahlzeit können auch Tafel-, Quell- und Mineralwasser sowie ungesüßte Tees und verdünnte Fruchtsäfte angeboten werden, zum Frühstück zusätzlich Milch und Kakao.

Getreide.

- Angeboten werden bevorzugt Vollkorngetreideprodukte (50 Prozent beim Brot).
- Zur Herstellung von Teig, z. B. für Pizza, wird Mehl ab Type 550 verwendet. Je höher die Type, desto besser.
- Bei Reisgerichten wird bevorzugt Vollkorn- und parboiled Reis verwendet, bei Teigwaren Produkte aus Hartweizengrieß und Vollkorn.

Kartoffeln.

- Es gibt viele Möglichkeiten, Kartoffeln anzubieten, z. B. als Salzkartoffeln, Pellkartoffeln oder Bratkartoffeln. Kartoffelpüree wird nach Möglichkeit aus frischen Kartoffeln hergestellt.
- Kroketten, Pommes frites u. Ä. werden fettsparend im Backofen zubereitet.

Obst/Gemüse.

- Regionale und saisonale Produkte werden bevorzugt eingekauft, für warme Gemüsegerichte kann auch Tiefkühl-Rohware verwendet werden.
- Frisches Stückobst ist frei verfügbar, Rohkost wird täglich angeboten.
- Obst aus der Dose sollte, wenn möglich, nicht verwendet werden.

- Hülsenfrüchte werden in Salaten, Eintopfgerichten und als Beilage angeboten.
- Nüsse, Samen und Kerne, z. B. als Topping für Salate, sind ebenfalls im Angebot.

Milch/Milchprodukte.

- Milch und Milchprodukte sollten im Mittel einen Fettgehalt von 1,5 Prozent aufweisen.
- Joghurt wird als Naturjoghurt oder als Fruchtjoghurt mit vermindertem Zuckeranteil eingesetzt.
- Bei Quark wird ein maximaler Fettgehalt von 20 Prozent Fett empfohlen, bei Hart- bzw. Schnittkäse 45 Prozent Fett i. Tr.

Fleisch/Wurstwaren.

- Es wird ausschließlich Muskelfleisch verwendet, Formfleisch (z. B. bei gekochtem Schinken) wird nicht empfohlen.
- Wechseln Sie öfters die Fleischsorten und verwenden Sie magere Fleischteile (Rind, z. B. Hüfte oder Oberschale; Schwein, z. B. Nuss oder Oberschale).
- Bei Fleischprodukten wie Wurst sollte der Fettgehalt maximal 20 Prozent betragen. Andere fettreiche Fleischwaren und Paniertes sind nicht empfehlenswert und sollten die Ausnahme bleiben.

Seefisch.

- Seefisch ist aufgrund seines insgesamt günstigeren Nährstoffgehalts (Omega-3-Fettsäuren, Jod) Süßwasserfisch vorzuziehen, schließt aber dessen Verwendung nicht aus.
- Es sollte kein Fisch aus überfischten Beständen verwendet werden (Packungsinformationen beachten).
- Für Fischgerichte in Kitas eignen sich besonders gut Kabeljau, Rotbarsch, Seelachs und Lachs.
- Sprechen Sie mit den Kindern über die Gefahr von Gräten und achten Sie darauf, dass das Fischfilet bereits bei der Zubereitung möglichst grätenfrei ist.

Fette/Öle.

- Standardöl in der Kita-Küche ist das Rapsöl, es wird für Salate, zum Backen, Braten und Frittieren (160 – 170 °C) eingesetzt. Alternativ können auch Soja- und Olivenöl sowie Weizenkeim- und Walnussöl verwendet werden.
- Als Streichfett werden Butter oder hochwertige Margarine (frei von gehärteten Fetten/Transfetten) eingesetzt.
- Wegen ihrer Geschmackseigenschaften kann auch beim Kochen Butter verwendet werden.
- Sofern Frittierfett verwendet wird, sollte es mindestens einmal pro Woche gewechselt werden.

Gewürze.

- Zum Würzen und Garnieren werden möglichst frische Kräuter verwendet.
- Grundsätzlich sollte Salz in jodierter Form und sparsamer Dosierung verwendet werden.
- Lebensmittel und Würzmischungen, die künstliche Farb- und Konservierungsstoffe enthalten, werden weitgehend vermieden.

Convenience-Produkte.

- Es sollten nach Möglichkeit nur küchen- oder garfertige Produkte verwendet werden (geputztes

Gemüse, entbeintes Fleisch, Teigwaren, TK Gemüse).
- Fertigsaucen, -salate oder -desserts etc. wenn möglich meiden.
- Die Verwendung von Dosentomaten oder passierten Tomaten ist unbedenklich. Hülsenfrüchte aus der Dose (z. B. Kichererbsen, Linsen, Bohnen) sind ebenfalls akzeptabel.

Besondere Fälle bei der Lebensmittelauswahl

Unverträglichkeiten und Allergien. Kinder mit Nahrungsmittelallergien und -unverträglichkeiten, Neurodermitis, Zöliakie, Laktose- und Fruktoseintoleranz sowie Diabetes mellitus erhalten eine gesonderte Diätverpflegung. Ist die Zubereitung der speziellen Diät aus organisatorischen Gründen in der Einrichtung nicht möglich, muss mit den Eltern geklärt werden, ob die Kinder das Diätessen z. B. von zu Hause mitbringen können.

Religiös und ethisch begründete Sonderverpflegungen. Solche Wünsche werden durchaus respektiert und im Rahmen der Möglichkeiten in der Speiseplangestaltung berücksichtigt (z. B. keine Schweinefleischprodukte). Im Bedarfsfall wird beispielsweise ein ovo-lacto-vegetabiles Essen angeboten (vegetarische Ernährung mit Eiern und Milchprodukten).

Für die Minis

Kinder ab einem Jahr erhalten eine besonders mild gewürzte und zerkleinerte Übergangskost und werden in Absprache mit den Eltern Schritt für Schritt an die Normalkost herangeführt. Als Obst eignen sich sehr gut Bananen, reifen Birnen oder Nektarinen. Weniger geeignet sind kleine, harte Lebensmittel wie Nüsse und Kerne, ebenso Vorsicht geboten ist bei Johannisbeeren, Weintrauben und körnigem Reis (Verschluckgefahr!).

Hier einige Tipps:
- Zum Glätten von zerstampftem oder püriertem Gemüse eignet sich am besten das Kochwasser. Ausgeschwemmte Nährstoffe kommen so auf einfache Weise wieder zurück in die Nahrung. Alternativ können aber auch leichte Gemüse- oder Fleischbrühen sowie fettarme Milch verwendet werden. Zur besseren Aufnahme der Vitamine fügen Sie außerdem ein paar Tröpfchen Rapsöl hinzu.
- Zur Verwertung des in Fleisch, Gemüse und Haferflocken enthaltenen Eisens brauchen die Kleinsten der Kleinen vor allem Vitamin C. Mit Orangensaft verfeinerter Möhrenbrei oder ein vitaminreicher Nachtisch (Obst, Kompott oder Smoothie) tun hier gute Dienste.
- Vorsicht bei eiweißreichen Lebensmitteln wie Quark oder Joghurt. Zu viel Eiweiß bedeutet zusätzliche Arbeit für die Nieren. Das gilt ebenso für Salz. Je weniger, desto besser.
- Zum leichten Süßen von Speisen ist Milchzucker zu empfehlen. Andere Süßungsarten, insbesondere Honig und Dicksaft, sollten gemieden werden.
- Breie eignen sich bestens zum Einfrieren. Für Kleinstportionen streichen Sie die Breimasse einfach in einen Eiswürfelbehälter und stellen ihn abgedeckt ins Gefrierfach.
- Fleisch sollte bei der Zubereitung möglichst nicht gebräunt werden. Dünsten, Kochen oder Dämpfen sind hier die bessere Wahl.
- Generell: Verwenden Sie immer einfachste Zutaten und belassen Sie sie möglichst in ihrer natürlichsten Form. Gewürze lenken vom Eigengenschmack ab.

So managen Sie Ihre Kita-Küche

Organisation ist alles. Das gilt für Kita-Küchen ebenso wie für jeden wie für jeden anderen Lebensmittelproduzierenden Betrieb. Damit der Laden läuft, müssen Einkauf, Lagerung und Verarbeitung von Nahrungsmitteln gut aufeinander abgestimmt sein.

Grundvorräte

Welche und wie viele Vorräte Sie in Ihrer Einrichtung einlagern, hängt natürlich in erster Linie von Ihrem Speiseplan und der Anzahl der zu betreuenden Kinder ab – in jedem Fall lohnt es sich aber, einen gewissen Grundvorrat von einigen Nahrungsmitteln zu haben und diesen regelmäßig auf Vollständigkeit zu überprüfen.

Vorräte wie Nudeln, Mehl und Haferflocken erfordern hierbei eine andere Lagerung als frische Produkte wie Fleisch, Eier oder Gemüse. Für Trockenvorräte ist eine kühle, dunkle Speisekammer der beste Ort, das gilt auch für Obst und Gemüse. Zitrusfrüchte, Auberginen, Bananen, Tomaten oder Avocados sollten nicht im Kühlschrank gelagert werden – zu viel Kälte schadet ihnen eher. Für leicht verderbliche, insbesondere eiweißreiche und milchhaltige Lebensmittel ist der Kühlschrank hingegen Pflicht.

Tipps für Trockenvorräte

Belassen Sie Ihre Trockenvorräte in der Originalverpackung oder füllen Sie sie in verschließbare Vorratsbehälter um. So vermeiden Sie Verklumpungen, Nährstoffverlust, Schimmel und Schädlingsbefall. Nüsse, Kerne und Vollkornprodukte können mit der Zeit ranzig werden, was an ihrem hohen Fettanteil liegt. Abhilfe schafft hier Einfrieren.

Empfehlungen für den Grundvorrat:

- Mehl, Grieß, Semmelbrösel, Speisestärke, Haferflocken, Hülsenfrüchte, Nudeln, Reis, Couscous oder Bulgur, Kartoffelpüreeflocken, Mandeln, Walnüsse, Erdnüsse, Haselnüsse
- Salz, Pfeffer, Zucker, Gewürze und Trockenkräuter (z. B. Muskatnuss, Thymian, edelsüßes Paprikapulver, Oregano), Trockenhefe, Backpulver, Vanillezucker, Kakao, Tee
- Haltbare Milch und Sahne, Käse (am Stück und/oder gerieben), Essig, Öl, Butter, Margarine, Honig, Ahornsirup, Agavendicksaft, Marmelade, Eier, Trockenobst
- Dosentomaten, Tomatenmark, Ketchup, Senf, Mayonnaise, Obst- und Gemüsesäfte
- Zwiebeln, Knoblauch, Kartoffeln, Suppengrün (Möhre, Sellerie, Lauch), Zitronen
- Instantbrühe, helle Sojasauce
- Gemüsekonserven: Bohnen, Erbsen, Spargel, Karotten, Gurken, Pilze, Gewürzgurken, Rote Bete, Sauerkraut, Rotkohl, Mais
- Obstkonserven: Ananas, Pfirsiche, Cocktailfrüchte, Pflaumen, Kirschen

Lebensmittelverarbeitung

Unterschiedliche Lebensmittel erfordern unterschiedliche Zubereitungs- und Garmethoden. Das liegt letztlich an der unterschiedlichen biochemischen Beschaffenheit der einzelnen Produkte. Während sich vieles bestens zum Rohverzehr eignet, insbesondere Obst und die meisten Gemüsesorten, werden einige Produkte erst durch intensive »Bearbeitung« genießbar und für den Körper verwertbar. Kochen, Braten, Backen, Dünsten, Schmoren – jede Zubereitungsart hat auf ein Lebensmittel einen anderen Einfluss und bestimmt dessen Konsistenz, Nährstofferhalt, Bekömmlichkeit und Farbe.

Garen

Als Faustregel gilt: Je weniger Flüssigkeit beim Garen verwendet wird, desto mehr Nährstoffe bleiben erhalten. Es empfiehlt sich daher, die Garflüssigkeit immer mitzuverwenden (z. B. für Saucen) und die Gar- und Warmhaltezeit insgesamt so gering wie möglich zu halten.

Die folgende Übersicht stellt die gängigsten Garmethoden vor:

Die gängigsten Garmethoden

	Methode	geeignet für	Eigenschaften
Kochen und Sieden	Garen in Flüssigkeit bei ca. 100 °C bzw. bei 75 – 90 °C	Gemüse (inkl. Kartoffeln), Reis, Hülsenfrüchte, Teigwaren, Fleisch, Fisch, Eier	sehr hoher bis hoher Vitaminverlust (abhängig von der Garzeit)
Dämpfen und Dünsten	Garen im Wasserdampf bei ca. 100 °C	Gemüse (inkl. Kartoffeln), Fleisch, Fisch	nährstoffschonend, geringer Vitaminverlust, erhält weitgehend die Farbe
Blanchieren	Kurzgaren in Flüssigkeit bei ca. 100 °C (1 – 5 Minuten) mit anschließendem Abschrecken in Eiswasser	Gemüse, Kräuter, Knoblauch, Zwiebeln	für zartes Gemüse oder zum Vorgaren und zur Geschmacksmilderung (z. B. bei Knoblauch, Zwiebeln)
Dampfdruckgaren	Garen im Dampfdrucktopf oder Steamer bei über 100 °C	Gemüse (inkl. Kartoffeln), Fleisch, Fisch	nährstoffschonend, geringer bis mittlerer Vitaminverlust
Braten	Garen in heißem Fett	Fleisch, Fisch, Gemüse (inkl. Kartoffeln)	geringer Vitaminverlust, Speisen nehmen ggf. viel Fett auf, Bildung von möglicherweise gesundheitsschädlichem Acrylamid
Schmoren	Garen in Fett mit Farbgebung, dann in Flüssigkeit (mit Deckel)	Fleisch (z. B. Braten, Gulasch), Fisch, Gemüse (z. B. mit Füllung)	gute Nährstofferhaltung bei Weiterverwendung der Garflüssigkeit
Gratinieren, Übergrillen, Grillen	Garprozess durch Strahlungs- bzw. Kontakthitze	Fleisch, Fisch, Gemüse (inkl. Kartoffeln), Obst	geringer bis mäßig hoher Vitaminverlust, Bildung von Röststoffen und möglicherweise gesundheitsschädlichem Acrylamid
Frittieren	Garprozess in einem Fettbad bei ca. 160–170 °C	Fleisch, Fisch, Gemüse (inkl. Kartoffeln), Obst, Kräuter	geringer Vitaminverlust, Speisen nehmen ggf. viel Fett auf, Bildung von möglicherweise gesundheitsschädlichem Acrylamid
Backen	Garen im Ofen bei trockener Hitze ohne Fettstoff und ohne Flüssigkeit	Teige, Fleisch (im Teig), Fisch (im Teig), Kartoffeln	geringer Vitaminverlust, Bildung von möglicherweise gesundheitsschädlichem Acrylamid

Kochpraxis

Die meisten in der Kinderküche verwendeten Lebensmittel sind in der Handhabung recht einfach. Gemüse, Kartoffeln, Nudeln, kurzgebratenes Fleisch – selbst weniger versierte Köche sind mit den Koch- oder Bratzeiten solcher Produkte vertraut und können im Handumdrehen ein respektables Mahl auf den Tisch zaubern, zumindest, wenn die Mengen überschaubar bleiben.

Das Kochen für größere Kindergruppen erfordert da schon etwas mehr Logistik. Angefangen bei der Einkaufsplanung über die ordnungsgemäße Lagerung der Lebensmittel bis hin zur Vor- und Zubereitung der Speisen – bei 10, 20, 50 oder mehr Kindern muss in der Küche jeder Handgriff sitzen und die Bemessung der einzelnen Zutaten sollte so exakt wie möglich sein. Für die Menüplanung und zur Berechnung der einzelnen Mengenangaben pro Kind hilft Ihnen die folgende Tabelle.

Trotz aller Planung lassen sich Reste aber dennoch nicht immer vermeiden. Für Lebensmittel produzierende Betriebe gilt jedoch: Was einmal auf dem Tisch stand, muss anschließend in die Entsorgung. Anders sieht es aus, wenn das Essen portionsweise verteilt wird und überschüssige Speisen in der Küche verbleiben.
Je nach Speiseplan lassen sich aus übrig gebliebenen Pellkartoffeln, Reis oder Nudeln am nächsten Tag noch wunderbare Salate, Puffer oder Aufläufe herstellen. Bedingung hierfür: Die Lebensmitteln müssen unter hygienisch einwandfreien Bedingungen gelagert werden. Gekochte Nudeln, Kartoffeln oder geputzte Blattsalate halten sich im Kühlschrank ein bis zwei Tage, Salatdressings auf Essig-Öl Basis sogar bis zu einer Woche. Aufläufe, Suppen, Saucen oder Eintöpfe sollten hingegen lieber eingefroren und nach dem Wiederauftauen nochmals auf den Kochpunkt erhitzt werden (z. B. in der Mikrowelle).

Tipps zur Wieder- und Weiterverarbeitung

Reis/Nudeln: Suppeneinlage, Salate, Gemüse- und Wokpfanne, Aufläufe, Bratlinge, Frittata

Couscous/Bulgur etc.: Salate, Falafel, Gemüsepfanne, Bratlinge

Kartoffeln: Bratkartoffeln, Rösti, Knödel, Kartoffelsalat, Kartoffelsuppe, Gratins, Bauernfrühstück oder Kartoffelpfanne mit Gemüse

Gemüse: Bratlinge, Aufläufe, Gemüsesuppe, Gemüsepfanne, Nudelgerichte, Füllungen, Salate

Obst: Mus, Smoothies und Shakes, Kuchen, Kompott, Pfannkuchen, Rote und Grüne Grütze

Fleisch: Aufschnitt, Ragout für Nudelgerichte, Suppeneinlage, Salate

Käse: Käsesaucen und -suppen, Aufläufe

Eier (hart gekocht): Eiersalat oder als Topping für grüne Salate, Mayonnaise

Mengenangaben

	für 3 Kinder	für 10 Kinder	für 20 Kinder	für 50 Kinder	für 120 Kinder
Suppen					
als Vorspeise	0,6 l	2 l	4 l	10 l	14 l
als Hauptspeise	1,0 l	3,5 l	7 l	17,5 l	42 l
Fleisch					
am Stück / in Scheiben	300 g	1 kg	2 kg	5 kg	12 kg
im Ragout (z. B. Gulasch)	150 – 225 g	500 – 750 g	1 – 1,5 kg	2,5 – 3,75 kg	6 – 9 kg
Hackfleisch für Frikadellen	150 – 225 g	500 – 750 g	1 – 1,5 kg	2,5 – 3,75 kg	6 – 9 kg
Hackfleisch in Aufläufen/Saucen	120 g	400 g	800 g	2 kg	4,8 kg
Gemüse (gegart)					
Hauptgericht	750 g	2,5 kg	5 kg	12,5 kg	30 kg
Beilage	450 g	1,5 kg	3 kg	7,5 kg	18 kg
Kartoffeln					
Salzkartoffeln o. Pellkartoffeln als Hauptgericht	750 g	2,5 kg	5 kg	12,5 kg	30 kg
als Beilage	450 g	1,5 kg	3 kg	7,5 kg	18 kg
als Kartoffelsalat	450 – 600 g	1,5 – 2 kg	3 – 4 kg	7,5 – 10 kg	18 – 24 kg
als Brei/Stampf	600 g	2 kg	4 kg	10 kg	24 kg
Nudeln/Reis (roh)					
Hauptgericht	225 g	750 g	1,5 kg	3,75 kg	9 kg
Beilage	150 g	500 g	1 kg	2,5 kg	6 kg
Sonstiges					
Käse	60 g	200 g	400 g	1 kg	2,4 kg
Wurst	60 g	200 g	400 g	1 kg	2,4 kg
Marmelade	60 g	200 g	400 g	1 kg	2,4 kg
Butter/Margarine	60 g	200 g	400 g	1 kg	1,2 kg
Eier	3 – 6 Stk.	10 – 20 Stk.	20 – 40 Stk.	50 – 100 Stk.	120 – 240 Stk.
Milch	0,75 l	2,5 l	5 l	12,5 l	30 l

Improvisieren – Zutaten ersetzen

Seien Sie kreativ und wandeln Sie Rezepte nach Ihren Vorstellungen ab. Vielleicht haben Sie die Erfahrung gemacht, dass ein bestimmtes Lebensmittel bei den Kindern gerade nicht so hoch im Kurs steht, oder Sie haben eine Zutat nicht vorrätig? Oder Sie möchten einfach ein Rezept nach eignem Ermessen abwandeln, beispielsweise, um den Fettgehalt zu reduzieren oder geschmackliche Nuancen zu setzen? Auch Unverträglichkeiten können ein Grund sein, bei einem Rezept die Zutaten zu ändern. Die folgende Auflistung hilft Ihnen dabei, für eine Vielzahl gängiger Zutaten entsprechende Alternativen zu finden.

Alternativen für Zutaten

Zutat/Lebensmittel	Alternative
altbackene Brötchen	Haferflocken, Semmelbrösel, Toast
Apfel	Birne
Backpulver	Weinsteinpulver, Natron und etwas Zitronensaft
Brokkoli	Romanesco, Blumenkohl
Buttermilch	verdünnter Joghurt, Milch und etwas Zitronensaft
Champignons	Austernpilze, Pilzpulver, Spargel
Crème fraîche	Frischkäse, Schmand, Sahne
Ei (beim Panieren)	halb steif geschlagene Sahne
Ei zum Binden	Speisestärke, Sojamehl, roh geriebene Kartoffel
Ei/Eischnee in Gebäck	geschlagene Sahne
Essig	Zitronen-, Limetten-, Orangensaft
Feldsalat	junger Löwenzahn, Pflücksalat
Fenchel (Gemüse)	Kohlrabi, Möhren, Spargel, Zucchini
Fett im Kuchen reduzieren	durch max. 1/3 Apfelmus ersetzen
Frischkäse	Labne (S. 165), Crème fraîche, Sauerrahm, Quark (20 %)
Hirse	Polenta, Quinoa, Reis, Couscous, Bulgur
Kakao	geriebene, dunkle Schokolade
Kohlrabi	Möhren, Spargel, Fenchelgemüse, Zucchini
Koriander	Petersilie, Thai-Basilikum, Minze
Lauch	Zwiebel, Frühlingszwiebel
Margarine/Butter (100 g)	Pflanzenöl (70 ml)
Mascarpone	Sahnequark, Crème fraîche
Mehl	pulverisierte Haferflocken, Semmelbrösel, geriebene Haselnüsse
Milch	Mandelmilch (S. 170), mit Wasser verdünnte Sahne/Kondensmilch
Minze	Inhalt eines Pfefferminz-Teebeutels
Nüsse	Haferflocken, Gries
Paniermehl	zerbröselte Cornflakes oder Salzstangen, geriebenes Brot/Brötchen
Paprika	Zucchini mit Tomatenmark
Pflaumen	Aprikosen, Zwetschgen, Mirabellen
Puderzucker	pulverisierter Haushaltszucker
Putenbrust	Hähnchenbrust, Schweinefilet
Quark	Frischkäse, Labne (S. 165)
Rosinen	klein gehackte Trockenfrüchte
Sahne zum Verfeinern	Milch, Frischkäse, Crème fraîche
Sahnesteif	Puderzucker und Speisestärke 1 : 1
Saucenbinder	lösliche Haferflocken, Mehl, Speisestärke
Sauerrahm	Naturjoghurt mit Zitronensaft, mit Milch verdünnter Frischkäse
Schmand	Sauerrahm, Joghurt, Kefir, Crème fraîche, Frischkäse
Schokopuddingpulver	Vanillepuddingpulver mit Kakao
Schokosauce	Vanillesauce mit Kakao
Speise-/Kartoffelstärke	Kartoffelpüree- oder -suppenpulver
Spinat	Mangold, Pak Choi
Streichfett fürs Brot	Frischkäse, Labne (S. 165)
Vanille-/Schokosauce	Puddingpulver mit doppelter Menge Milch
Vanillezucker	Zucker mit Vanillemark/-extrakt

Anforderungen an einen 4-Wochen-Speiseplan

Die Einhaltung der Qualitätsstandards für die Verpflegung in Tageseinrichtungen ist abhängig von der Art, der Kombination und der Verwendungshäufigkeit der Speisen. Die folgende Tabelle gibt einen Überblick darüber, wann was wie oft in der Kita gekocht werden sollte. Die Angaben beziehen sich auf 20 Verpflegungstage bei einem Menüzyklus von mindestens vier Wochen.

Zu berücksichtigen sind weiterhin folgende Punkte:

- Der aktuelle Speisenplan sollte auch Kindern zugänglich sein und kindgerecht, beispielsweise in Bildform, gestaltet werden.
- Berücksichtigen Sie die Wünsche und Anregungen der Kinder in vertretbarem Maße.
- Bezeichnen Sie die Speisen eindeutig. Erklären Sie nicht eindeutige Gerichte wie »Piratenpudding« extra. Nennen Sie bei Fleisch und Fleischerzeugnissen die Tierart (z. B. Kalbsschnitzel, Hähnchencurry etc.).
- Achten Sie generell auf eine fettarme bzw. fettsparende Zubereitung.
- Nutzen Sie für die Zubereitung von Gemüse oder auch Fisch nährstofferhaltende Garmethoden wie Dünsten oder Dämpfen.
- Legen Sie für die Speisenherstellung exakt formulierte Rezepte mit Zubereitungshinweisen bereit.
- Verwenden Sie für die Portionierung der Speisen ggf. Portionierungshilfen.
- Bieten Sie maximal zweimal in 20 Verpflegungstagen Süßspeisen als Hauptgericht an (z. B. Milchreis).

Anforderungen an einen 4-Wochen-Speiseplan

Lebensmittelgruppe	Häufigkeit	Beispiele
Kartoffeln, Reis, Getreide, Getreideprodukte und Teigwaren	20 × (im Wechsel) davon mind. 4 Vollkornprodukte max. 4 Kartoffelerzeugnisse	Pellkartoffeln, Salzkartoffeln, Ofen- und Folienkartoffel, frisches Kartoffelpüree, Kartoffelsalat Reispfanne, Wok-Gerichte Pasta, Hirseauflauf, Polenta, Couscous Vollkornpizza, Vollkornpasta, Naturreis Kroketten, Pommes frites, Reibekuchen, Gnocchi
Gemüse und Salat	20 × davon mind. 8 × Rohkost oder Salat	Brokkoli, Kohlrabi, Möhren, Zucchini, Auberginen, Hülsenfrüchte, Ratatouille, Eintöpfe Gemüsesticks, Tomaten-, Gurken-, Kraut-, Mischsalat
Obst	20 ×	Obst als Stückgut oder geschnitten, Obstsalat
Milch und Milchprodukte	8 × (mind.)	Joghurt- und Quarkspeisen, Smoothies, Dips, Saucen
Fleisch und Fleischprodukte, Fisch, Ei	8 × (max.) davon max. 4 × Fleischerzeugnisse inkl. Wurstwaren davon mind. 4 × Seefisch	Hähnchenstreifen, Putenbrust, Schweinefilet, Fleischspieße Hackfleischsauce, Frikadellen, Bratwurst, Kochwurst als Filet, Fischburger
Getränke	20 ×	Tafel- und Mineralwasser, Tees ohne Zucker, verdünnte Säfte

Beispielspeisepläne für jede Jahreszeit nach Rezepten aus diesem Buch

Frühlingsspeiseplan

Frühling	Montag	Dienstag	Mittwoch	Donnerstag	Freitag
1. Woche	Falafel-Pops (S. 131) mit Gemüse-Couscous und Minzjoghurt (S. 128)	Balsamico-Hühnchen (S. 85) & Vollkorntagliatelle, Feldsalat	Backfisch mit Pellkartoffel-Salat (S. 96)	Vollkornfrittata (S. 64) mit Gemüse, Beeren-Smoothie (S. 169)	Gemüsebonbon (S. 128) mit Dips, Vollkornbrötchen
2. Woche	Überbackene Spargeltoasties (S. 141), Rohkost mit Dips	Apfelauflauf (S. 135), Fruchtsalat (S. 123)	Parmesan-Pfannkuchen (S. 129), Ayran (S. 172)	Erbsencarbonara (S. 52)	Schmorgurken (S. 84), Vollkornbrot
3. Woche	Minestrone (S. 100), geröstetes Vollkornbrot	Wok-Gemüse (S. 139) mit Kokosmilch	Fisch mit Knusperkruste (S. 90), Sauerrahm	Spargel-Linguine (S. 61)	Alles-drin-Salat (S. 105)
4. Woche	Curry-Quinoa-Wraps (S. 77)	Kräutersuppe (S. 107), Fruchtiger Linsensalat (S. 114)	Quarkkeulchen (S. 68) mit Kompott	Chinesische Nudeln (S. 62)	Limettenspaghetti mit Lachs und Salatgemüse (S. 93)

Sommerspeiseplan

Sommer	Montag	Dienstag	Mittwoch	Donnerstag	Freitag
1. Woche	Zitronen-Risotto mit Erbsen (S. 65), Fruchtsalat (S. 123)	Caesar-Salat (S. 111), Beeren-Smoothie (S. 169)	Eier mit grüner Sauce und Kartoffeln (S. 92)	Nudeln mit Tomatensauce (S. 55), Melone-Gurken-Salat (S. 120)	Fischmedaillons in Paprikarahm (S. 89), Rohkost mit Dips
2. Woche	Barbecue-Hähnchenschenkel (S. 85) mit Wedges (S. 69), Salat	Auberginen-Halloumi-Türmchen mit Minzjoghurt (S. 128)	Asia Wraps (S. 153), Sommer-Smoothie (S. 170)	Muschelnudeln mit Fischbällchen (S. 95)	Riesenbohnen mit Feta (S. 114), Überbackene Erdbeeren (S. 178)
3. Woche	Zucchini-Bulgur-Schiffchen (S. 126), Salat	Muschelnudeln vom Blech mit Hähnchen (S. 81)	Reisnudelsalat (S. 112), Schnelles Erdbeersorbet (S. 148)	Kirschtomaten-Mozzarella-Spieß (S. 58), Bananen-Schoko-Smoothie (S. 172)	Fischlasagne mit Fenchel (S. 95), Salat
4. Woche	Gerupftes Huhn (S. 170), Sommer-Smoothie (S. 170)	Quark-Gnocchi (S. 142), Fruchtsalat (S. 123)	Quinoasalat (S. 77), Erdbeertiramisu im Glas (S. 142)	Schoko-Ananas-Bananen Wrap (S. 150), Erdbeer-Smoothie (S. 58)	Kartoffel-Bohnen-Stampf mit Kohlrabi-Pflanzerl (S. 129)

Herbstspeiseplan

Herbst	Montag	Dienstag	Mittwoch	Donnerstag	Freitag
1. Woche	Orecchiette mit Bohnen und Pilzen (S. 50)	Zitronen-Risotto mit Erbsen (S. 65), Salat	Flammkuchen (S. 190), Rohkost mit Dip	Kaiserschmarren (S. 145), Kompott	Nudeln mit Pesto und Röstgemüse (S. 56)
2. Woche	Wirsingbeutel (S. 74)	Curry-Ananas-Geschnetzeltes (S. 87), Salat	Graupen-Lauch-Risotto mit Speck (S. 74), Rohkost mit Dips	Gemüse vom Blech (S. 136), Brot (S. 177) mit Kürbiskern-butter (S. 165)	Rote-Bete-Kokos-Suppe (S. 102), Knuspernusskuchen (S. 175)
3. Woche	Herbstlicher Pesto-Nudelsalat (S. 134), Beeren-Smoothie (S. 169)	Baguette-Auflauf mit Tomaten und Pilzen (S. 126), Möhren-Feldsalat	Fischburger (S. 96), Pellkartoffelsalat (S. 96)	Wraps mit Putenbrust, Rotkohl und Bohnenmus (S. 73)	Lasagne klassisch (S. 81), Salat
4. Woche	Kürbis-Kartoffel-Gratin (S. 146), Salat	Möhren-Nuss-Crumble (S. 47), Obstsalat	Spaghetti mit Butterbröseln (S. 62), Rohkost mit Dips	Heringssalat (S. 166), Holunder-Drink mit Birne (S. 166)	Hot-Dog-Würstchen in Teig (S. 147), Salat

Winterspeiseplan

Winter	Montag	Dienstag	Mittwoch	Donnerstag	Freitag
1. Woche	Grießsuppe mit Wintergemüse (S. 102), Speck-Brezel-Croutons (S. 157)	Orangenmichel (S. 177), Obstsalat	Nudeln mit Möhrensauce und Sesampute (S. 50), Salat	Minutenschnitzel mit überbackenem Sauerrahm-Vollkornreis (S. 84), Salat	Apfel-Zwiebel-Suppe (S. 99), Vollkornbrot mit Kürbiskernbutter (S. 165)
2. Woche	Asia-Wraps mit Chinakohl (S. 153)	Milch-Risotto mit Nuss-Crunch (S. 65), Kompott	Gefüllte Backofenkartoffel (S. 134), Salat	Linsensuppe mit Spätzle und Wienerle (S. 100)	Kürbis-Apfel-Stampf (S. 147), Feigenkugeln (S. 148)
3. Woche	Curry-Hackfleisch Eintopf mit Dicken Bohnen (S. 102)	Alles-drin-Salat (S. 105)	Kürbisrisotto (S. 135), Salat	Spinat-Käse Nudeln mit Nüssen (S. 49)	Möhren-Parmesan-Puffer (S. 132), Vitamin-Lollies (S. 58)
4. Woche	Seefahrereintopf mit Speck und Äpfeln (S. 131) Käsegebäck	Schinken-Quinoa Röllchen mit Ananas (S. 82)	Kürbissuppe mit Wirsing (S. 107), Vollkornbrötchen mit Kürbiskernbutter (S. 165)	Überbackenes Bohnenmus mit Thunfisch (S. 90), Salat	Lachs-Wrap (S. 150), Warmer Apfel-Möhren-Drink (S. 146)

Saisonkalender Obst

Saison heimischer Lebensmittel
Lagerware heimischer Lebensmittel
Importware

Lebensmittel	JAN	FEB	MÄR	APR	MAI	JUN	JUL	AUG	SEP	OKT	NOV	DEZ
Ananas												
Äpfel								AUG	SEP	OKT	NOV	
Apfelbananen												
Apfelsinen												
Aprikosen							JUL	AUG				
Bananen												
Birnen								AUG	SEP	OKT	NOV	
Brombeeren							JUL	AUG	SEP			
Clementinen												
Cranberries												
Datteln												
Erdbeeren					MAI	JUN	JUL					
Granatäpfel												
Grapefruits												
Guaven												
Heidelbeeren							JUL	AUG				
Himbeeren						JUN	JUL	AUG	SEP			
Holunderbeeren									SEP	OKT		
Honigmelonen												
Johannisbeeren						JUN	JUL	AUG				
Kapstachelbeeren (Physalis)												
Khaki												
Kirschen						JUN	JUL	AUG				
Kiwis												
Kumquats												
Limetten												
Litchis												

Saison heimischer Lebensmittel
Lagerware heimischer Lebensmittel
Importware

Lebensmittel	JAN	FEB	MÄR	APR	MAI	JUN	JUL	AUG	SEP	OKT	NOV	DEZ
Mandarinen												
Mangos												
Maracujas												
Maronen												
Maulbeeren												
Mirabellen								AUG				
Nektarinen							JUL	AUG	SEP			
Orangen												
Pampelmusen												
Papayas												
Pfirsiche							JUL	AUG	SEP			
Pflaumen							JUL	AUG	SEP	OKT		
Preiselbeeren							JUL	AUG	SEP			
Quitten										OKT	NOV	
Rhabarber				APR	MAI	JUN						
Satsumas												
Sanddornbeeren									SEP	OKT	NOV	
Sharonfrucht												
Stachelbeeren						JUN	JUL					
Sternfrüchte												
Walnüsse										OKT	NOV	
Wassermelonen												
Weintrauben								AUG	SEP	OKT		
Zitronen												
Zwetschgen							JUL	AUG	SEP	OKT		

Saisonkalender Gemüse

Saison heimischer Lebensmittel
Lagerware heimischer Lebensmittel
Importware

Lebensmittel	JAN	FEB	MÄR	APR	MAI	JUN	JUL	AUG	SEP	OKT	NOV	DEZ
Auberginen						JUN	JUL	AUG	SEP			
Austernpilze	JAN	FEB	MÄR	APR	MAI	JUN	JUL	AUG	SEP	OKT	NOV	DEZ
Avocados												
Blumenkohl / Romanesco					MAI	JUN	JUL	AUG	SEP	OKT		
Brokkoli					MAI	JUN	JUL	AUG	SEP	OKT	NOV	
Champignons	JAN	FEB	MÄR	APR	MAI	JUN	JUL	AUG	SEP	OKT	NOV	DEZ
Chicorée	JAN	FEB	MÄR							OKT	NOV	DEZ
Chinakohl	JAN	FEB	MÄR	APR	MAI	JUN	JUL	AUG	SEP	OKT	NOV	DEZ
Eichblattsalat / Eisbergsalat					MAI	JUN	JUL	AUG	SEP	OKT	NOV	
Endiviensalat					MAI	JUN	JUL	AUG	SEP			
Erbsen, frisch						JUN	JUL	AUG				
Feldsalat	JAN	FEB								OKT	NOV	DEZ
Fenchel						JUN	JUL	AUG	SEP	OKT		
Friséesalat							JUL	AUG	SEP	OKT	NOV	DEZ
Frühlingszwiebeln					MAI	JUN	JUL	AUG	SEP	OKT		
Grüne Bohnen					MAI	JUN	JUL	AUG	SEP	OKT		
Grünkohl	JAN	FEB									NOV	DEZ
Gurken						JUN	JUL	AUG	SEP	OKT		
Kartoffeln						JUN	JUL	AUG	SEP	OKT		
Knoblauch				APR	MAI	JUN						
Knollensellerie							JUL	AUG	SEP	OKT	NOV	
Kohlrabi					MAI	JUN	JUL	AUG	SEP	OKT	NOV	
Kopfsalat / Lollo rosso					MAI	JUN	JUL	AUG	SEP	OKT		
Kräuterseitlinge (Zuchtpilze)	JAN	FEB	MÄR	APR	MAI	JUN	JUL	AUG	SEP	OKT	NOV	DEZ
Kresse			MÄR	APR	MAI	JUN	JUL	AUG	SEP			
Kürbis									SEP	OKT	NOV	
Lauch	JAN	FEB	MÄR	APR							NOV	DEZ
Löwenzahn			MÄR	APR	MAI							
Mangold					MAI	JUN	JUL	AUG	SEP	OKT	NOV	DEZ
Meerrettich									SEP	OKT	NOV	

Saison heimischer Lebensmittel

Lagerware heimischer Lebensmittel

Importware

Lebensmittel	JAN	FEB	MÄR	APR	MAI	JUN	JUL	AUG	SEP	OKT	NOV	DEZ
Möhren						JUN	JUL	AUG	SEP	OKT		
Paksoi (Pak Choi)												
Paprika							JUL	AUG	SEP	OKT		
Pastinaken	JAN	FEB	MÄR						SEP	OKT	NOV	DEZ
Petersilienwurzel									SEP	OKT		
Pfifferlinge						JUN	JUL	AUG	SEP	OKT	NOV	
Portulak (Postelein)	JAN	FEB	MÄR	APR	MAI	JUN	JUL	AUG	SEP	OKT	NOV	DEZ
Radicchio							JUL	AUG	SEP	OKT		
Radieschen				APR	MAI	JUN	JUL	AUG	SEP	OKT		
Rettich					MAI	JUN	JUL	AUG	SEP	OKT	NOV	
Rote Bete	JAN	FEB	MÄR	APR	MAI	JUN	JUL	AUG	SEP	OKT	NOV	DEZ
Rotkohl	JAN	FEB				JUN	JUL	AUG	SEP	OKT	NOV	DEZ
Rucola				APR	MAI	JUN	JUL	AUG	SEP	OKT	NOV	
Sauerampfer					MAI	JUN	JUL	AUG				
Schwarzer Rettich	JAN	FEB							SEP	OKT	NOV	DEZ
Schwarzwurzel										OKT	NOV	DEZ
Shiitake												
Spinat				APR	MAI	JUN	JUL	AUG	SEP	OKT	NOV	
Spitzkohl					MAI	JUN	JUL	AUG	SEP	OKT	NOV	
Stangensellerie						JUN	JUL	AUG	SEP	OKT	NOV	
Steckrüben										OKT	NOV	
Steinpilze						JUN	JUL	AUG	SEP	OKT		
Süßkartoffeln												
Teltower Rübchen										OKT	NOV	DEZ
Tomaten							JUL	AUG	SEP	OKT		
Topinambur	JAN	FEB	MÄR							OKT	NOV	DEZ
Weißkohl / Wirsing	JAN	FEB	MÄR	APR	MAI	JUN	JUL	AUG	SEP	OKT	NOV	DEZ
Zucchini						JUN	JUL	AUG	SEP	OKT		
Zwiebeln							JUL	AUG	SEP	OKT		

Was Sie über das Kochen in der Kita wissen sollten

Das Essen in Kitas sollte gesund sein und schmecken. Die Frage ist nur: Ist es auch wirklich immer geeignet? Hygiene, Allergien und Unverträglichkeiten spielen in der Gemeinschaftsverpflegung eine ganz entscheidende Rolle.

Hygiene

Die Gefahr lauert, und sie ist klein: Bis ein Lebensmittel bei uns auf dem Teller landet, ist es auf seinem Weg von der Produktion, über den Verkauf im Handel bis hin zur Weiterverarbeitung in der Küche vielen mikrobiologischen Gefahren ausgesetzt. Durch den Verzehr derart verunreinigter Speisen kann es zum Beispiel zu Übelkeit oder Durchfallerkrankungen kommen. Selbst wenn man es mit der Hygiene noch so genau nimmt – wir sind alle nur Menschen und machen Fehler. Einmal mit dem falschen Lappen übers Arbeitsbrett gewischt, die Messer für Fleisch und Gemüse im Stress vertauscht oder einen Behälter mit dem falschen Datum versehen, schon ist es passiert. Wenn Temperatur, Feuchtigkeitsmilieu und Nährstoffgehalt stimmen, können sich Bakterien binnen kürzester Zeit um das Zigtausendfache vermehren. Das Immunsystem bei Kindern ist allerdings meist noch nicht vollständig entwickelt, weshalb sie für krankheitserregende Keime, Hefen oder Schimmelpilze besonders anfällig sind.

Im Gegensatz zu Regeln, die sich auf die Auswahl der Lebensmittel, deren Verwendungshäufigkeit und die Speisenplanung beziehen, sind die Regeln zur Hygiene bei der warmen Mittagsverpflegung gesetzlich bindend, also Pflicht. Achten Sie also besonders darauf, diese einzuhalten, und informieren Sie gegebenenfalls auch Aushilfskräfte, ehrenamtliche Helfer oder Eltern, die z. B. bei Festen an der Essenszubereitung und -ausgabe beteiligt sind bzw. Speisen von zu Hause mitbringen.

Die wichtigsten Regeln zur persönlichen Hygiene

- Vor Arbeitsbeginn bzw. jedem Arbeitsgang und nach Arbeitspausen gilt: Hände gründlich mit Seife und warmem Wasser waschen. Wenn Sie rohes Geflügel, rohes Fleisch oder rohe Eier verarbeiten, müssen die Hände zusätzlich desinfiziert werden.
- Nach dem Toilettengang gilt: Hände waschen und desinfizieren.
- Wechseln Sie schmutzige Kleidung und Geschirrtücher am besten täglich. Vermeiden Sie außerdem das Abwischen der Hände an der Arbeitskleidung.
- Binden Sie beim Arbeiten in der Küche Ihre Haare zusammen und tragen Sie eine Kopfbedeckung. Ein Käppi oder ein Tuch tun hier gute Dienste.
- Tragen Sie weder Nagellack noch Ringe, Armbanduhren oder Armbänder, während Sie in der Küche arbeiten.
- Sollten Sie an einem Kochtag an einer Erkältung, eine Grippe, einem Magen-Darm-Infekt oder an einer anderen ansteckenden Erkrankungen leiden, melden Sie das Ihrer Einrichtung und bleiben Sie zu Hause. Im Zweifelsfall fragen Sie Ihren Arzt.
- Bei Verletzungen decken Sie die Wunden mit Pflastern und anschließend mit Gummihandschuhen oder Gummifingerlingen ab.
- Achten Sie darauf, dass auf Lebensmittel und Speisen nicht geniest bzw. gehustet wird.

Die wichtigsten Regeln zur räumlichen Hygiene

- Sorgen Sie dafür, dass Geräte, Arbeitsflächen, Wände und Böden leicht zu reinigen sind und problemlos desinfiziert werden können.
- Es muss ausreichend Platz zum Kochen und zur Lebensmittellagerung zur Verfügung stehen.
- Spül- und Handwaschbecken müssen getrennt voneinander installiert und beiderseits mit Warmwasser ausgestattet sein.
- Toiletten dürfen nicht in Räume öffnen, in denen Lebensmittel gelagert oder verarbeitet werden.
- Schützen Sie die Küche und Lagerräume vor Ungeziefer (Insekten, Motten, Nagetiere), indem Sie Fenster und Türen geschlossen halten bzw. diese mit Fliegengittern ausstatten.
- Insektizide, Reinigungs- und Desinfektionsmittel sollten keinesfalls in der Küche und nicht in Behältern gelagert werden, in denen normalerweise Lebensmittel aufbewahrt werden. Achten Sie besonders darauf, dass Kinder zu den Chemikalien keinen Zugang haben.

Die wichtigsten Regeln im Umgang mit Lebensmitteln

- Leicht verderbliche Lebensmittel wie Hackfleisch, Innereien, Geflügelfleisch und Fisch müssen vor Ablauf des Verbrauchsdatums verwendet werden. Achten Sie außerdem auf eine korrekte Kühlung (nicht über 7 °C). Tiefgekühlte Lebensmittel werden bei mindestens – 18 °C gelagert.
- Verwenden Sie bei Schneidebrettern unterschiedliche Farben für Fleisch, Geflügel, Gemüse, Fisch und Obst (z. B. Rot nur für Fleisch, Grün nur für Gemüse).
- Organisieren Sie Ihren Kühlschrank: Lagern Sie nicht zu viele Lebensmittel ein und verbrauchen Sie die länger aufbewahrten zuerst. Rohe Lebensmittel sollten grundsätzlich in getrennten Fächern oder lebensmittelechten Behältern aufbewahrt werden.
- Achten Sie bei der Einlagerung von Lebensmitteln auf eventuelle Beschädigungen an der Verpackung und füllen Sie sie gegebenenfalls um.
- Lassen Sie gegarte Lebensmittel vor der Weiterverarbeitung auskühlen und stellen Sie sie anschließend abgedeckt in den Kühlschrank.
- Rechnen Sie genügend Zeit ein, um tiefgefrorenes Fleisch und Gemüse immer vollständig auftauen zu lassen. Gießen Sie das Tauwasser weg und lassen Sie es nicht mit anderen Küchenutensilien oder Geschirr in Berührung kommen.
- Achten Sie darauf, dass die Speisen ausreichend erhitzt werden (ggf. mit einem Thermometer überprüfen), da Mikroorganismen erst ab Temperaturen von 70 bis 80 °C abgetötet werden.
- Nach dem Kochen sollten die Speisen bei mind. 65 °C warm gehalten werden, wobei die Warmhaltezeit nicht länger als zwei Stunden betragen sollte.
- Löffel, Gabeln oder andere Besteckteile zum Abschmecken immer nur einmal verwenden.
- Tragen Sie zum Portionieren oder Mischen der Lebensmittel mit der Hand immer Handschuhe.

Rückstellproben

Als Hersteller von Lebensmitteln stehen Sie in der Pflicht, ausschließlich Erzeugnisse anzubieten, die für die Verbraucher, also die Kinder, bedenkenlos sind. Als bedenkenlos gelten Lebensmittel, wenn sie

- frei von chemischen Rückständen sind (z. B. Reinigungsmittel, Pflanzenschutzmittel),
- frei von physikalische Gefahren sind (z. B. Fischgräten, Knochen-, Metall- oder Glassplitter) und
- frei von biologische Gefahren sind (z. B. Schimmelpilze, Keime, Gifte).

Bei einer größeren Anzahl von Kindern kann ein grassierender Darminfekt schnell zur epidemischen Plage werden. Und nicht selten wird vorschnell der Verdacht geäußert, die Qualität des in der Kita ausgegebenen Essens hänge womöglich damit zusammen. Daher gelten Rückstellproben, d. h. die Entnahme einer bestimmten Menge von jeder ausgegebenen, selbst hergestellten oder behandelten Menükomponente in Streitfällen als Beweismittel, bestenfalls zur Ihren Gunsten. Tun Sie sich und den Kindern einen Gefallen und seien Sie hier besonders gewissenhaft.

Wenn Sie Folgendes beachten, sind Sie auf der sicheren Seite:

- Als Minimalmenge gelten 100 g bzw. 100 ml einer Speisenkomponente.
- Entnehmen Sie die Probe zum Ende der Essensausgabe.
- Bewahren Sie die Proben einzeln in hygienisch einwandfreien, verschließbaren Behältnissen auf. Im Handel finden Sie kleine Plastikbehälter, die dafür bestens geeignet sind.
- Legen Sie einen wasserfesten Filzstift bereit und kennzeichnen Sie die Proben mit Angaben zur Art der Probe (Inhalt), zur Person, zum Tag und Zeitpunkt der Entnahme.
- Lagern Sie die Probe mindestens sieben Tage im Tiefkühlfach, idealerweise in einem Extra-Gefrierschrank oder einem eigens reservierten Platz in Ihrer vorhandenen Gefriereinrichtung.

Grundsätzlich muss die Entscheidung, von welchen Lebensmitteln Rückstellproben genommen werden, jede Kita selbst treffen, denn eine explizite Gesetzespflicht hierzu existiert nicht.

HACCP-Grundsätze

Viele Kitas haben ein betriebseigenes Kontrollsystem nach den HACCP-Grundsätzen eingeführt. HACCP steht für: **H**azard **A**nalysis **C**ritical **C**ontrol **P**oints. Ein HACCP-Konzept beschreibt systematisch alle kritischen Hygienepunkte innerhalb eines Betriebes, die beim Umgang mit Lebensmitteln auftreten können, welche Sicherungsmaßnahmen vorgesehen sind und wie diese kontrolliert werden. Die Kontrolle muss nachgewiesen werden.

Es wird allerdings dringend angeraten, bei den folgenden Produktgruppen besonders vorsichtig und gewissenhaft zu sein:

- Fleischwaren (Kurzgebratenes, Hackfleisch, Geflügel, Innereien etc.)
- Fisch, Meeresfrüchte
- Eier und Eierspeisen
- Speiseeis
- Milchprodukte
- Säuglingsnahrung
- Backwaren mit nicht durchgegarten Füllungen oder Auflagen (Sahne- und Cremetorten etc.)
- Rohkost
- Salate mit Marinaden und Mayonnaise

Für weitergehende Informationen zur Thema Hygiene in der Gemeinschaftsverpflegung wenden Sie sich bitte an den Träger Ihrer Einrichtung oder an die zuständige Lebensmittelüberwachung. Die Angaben in diesem Buch ersetzen keine umfassende Beratung unter Einbezug Ihrer örtlichen Gegebenheiten.

Allergien und Unverträglichkeiten

Hier ist keine übergroße Besorgnis geboten, Sorgfaltspflicht sehr wohl. Bei bestehenden Lebensmittelallergien und -unverträglichkeiten (Häufigkeit bei Kindern zwischen 2 und 7 Prozent) sind in der Kita-Verpflegung spezielle Bedürfnisse zu berücksichtigen. Nicht zuletzt deshalb ist Ende 2014 eine Lebensmittelinformationsverordnung in Kraft getreten, die die eindeutige Allergenkennzeichnung aller in der Kita zubereiteten und zum Verzehr angebotenen Speisen regelt.

Leider gilt: Wenn potenzielle Allergene nicht klar ersichtlich sind, kann die Nahrung in manchen Fällen zur gefährlichen Bedrohung werden. Durch Weglassen bzw. Ersetzen einer bestimmten Zutat oder eines Lebensmittels können aber sowohl einfache Beschwerden wie Hautreaktionen oder Durchfälle als auch lebensbedrohliche Situationen wie

ein anaphylaktischer Schock erfolgreich vermieden werden. Studieren Sie die Zutatenliste auf Lebensmittelverpackungen in jedem Fall genau. Auch der sparsame Einsatz von Fertigprodukten kann das Risiko versteckter Allergene reduzieren.

Unterschied zwischen einer Lebensmittelallergie und einer Nahrungsmittelunverträglichkeit. Als Lebensmittelallergie wird eine überschießende, unerwünscht heftige Abwehrreaktion des Immunsystems auf bestimmte, normalerweise harmlose Stoffe in Nahrungsmitteln bezeichnet (Allergene wie z. B. Nüsse). Der Körper reagiert mit Entzündungszeichen wie Rötung der Haut und der Bildung von Antikörpern im Blut.

Bei der Nahrungsmittelunverträglichkeit kann der Körper einen bestimmten Stoff nicht verdauen (z. B. Laktose), etwa, weil er aufgrund eines zu seltenen Verzehrs nicht daran gewöhnt ist oder weil ein angeborener bzw. erworbener Enzymmangel besteht.

Obwohl im allgemeinen Sprachgebrauch oft die Bezeichnung »Lebensmittelallergie« verwendet wird, handelt es sich hierbei nicht wirklich um eine allergische Reaktion. Allerdings können bereits kleine Mengen eines unverträglichen Nahrungsmittels in beiden Fällen heftige Reaktionen und Beschwerden auslösen.

Umgang mit Allergien

Bitten Sie die Eltern, einen Allergie-Pass eines Allergologen mitzubringen, in dem genau definiert ist, welches Allergen gemieden werden muss. Führen Sie intensive Gespräche mit den Eltern, die für zusätzliche Aufklärung in der Einrichtung sorgen.

Die 14 Hauptallergene bzw. Unverträglichkeiten:

- Glutenhaltiges Getreide (z. B. Weizen, Roggen, Hafer, Gerste, Dinkel, Kamut) sowie daraus hergestellte Produkte
- Erdnüsse (z. B. Erdnussbutter, Erdnussflips, Erdnussöl) sowie daraus hergestellte Produkte
- Schalenfrüchte (z. B. Haselnuss, Mandelkerne, Walnuss, Cashewkerne, Pecannuss, Paranuss, Pistazie, Macadamianuss) sowie daraus hergestellte Produkte
- Sellerie (z. B. Gemüsesaft, Brühpulver) sowie daraus hergestellte Produkte
- Milch (z. B. einschließlich Laktose/Milchzucker) sowie daraus hergestellte Produkte
- Sesam (z. B. Knäckebrot, Burger-Brötchen, Energieriegel) sowie daraus hergestellte Produkte
- Fisch (z. B. Fischsauce, Fischfond) sowie daraus hergestellte Produkte
- Soja (z. B. Edamame, Sojaöl, Tofu) sowie daraus hergestellte Produkte
- Eier (z. B. Mayonnaise, Gebäck, Eiernudeln) sowie daraus hergestellte Produkte
- Senf (z. B. Salatdressings, Gewürzketchup) sowie daraus hergestellte Produkte
- Krebstiere (z. B. Garnelen, Meeresfrüchtemischungen) sowie daraus hergestellte Produkte
- Weichtiere (z. B. Muscheln, Meeresfrüchtemischungen) sowie daraus hergestellte Produkte
- Schwefeldioxid/Sulfite (z. B. bei Trockenfrüchten)
- Lupinen sowie daraus hergestellte Produkte

In den Rezepten in diesem Buch sind Lebensmittel, die die oben genannten Substanzen oder Allergene enthalten, entsprechend gekennzeichnet.

Kita-Lieblingsrezepte

Das gesündeste Essen nützt nichts, wenn es den Kindern nicht schmeckt. Deshalb wurde bei der Auswahl der Gerichte ein besonderes Augenmerk auf den Lecker-Faktor gelegt. Unsere Rezepte garantieren Abwechslung für Ihre Speisepläne.

»Essen ist fertig!«

Auf den folgenden Seiten finden Sie eine große Auswahl von Gerichten, die bei den Kindern gut ankommen.

Kleine Rezeptinformation

Rezeptsortierung. Im Rahmen der Speiseplanung wird festgelegt, wie häufig bestimmte Lebensmittel und Lebensmittelgruppen angeboten werden, siehe Kapitel »Anforderungen an einen 4 Wochen Speiseplan« (S. 24). Um Ihnen die Zusammenstellung des Speiseplans zu erleichtern, sind im folgenden Rezeptteil des Buches die Rezepte nach Haupt-Lebensmittelgruppen sortiert. Im Rezeptverzeichnis finden Sie weitere Verzeichnisse der Rezepte nach Jahreszeiten und Hauptzutaten. Auf diese Weise finden Sie schnell das passende Gericht.

Oberhalb der Rezepte finden Sie Informationen und Symbole, die folgende Bedeutung haben:

- Angabe zur Jahreszeit
- besonderes Hinweise (laktosefrei, glutenfrei oder vegetarisch)
- Zubereitungszeit
- Angabe zur Menge (für wie viele Kinder bzw. wie viele Stücke)

Unterhalb der Rezepte finden Sie:

- Alternativen für einzelne Zutaten
- Tipps für Zubereitungsvarianten
- Hinweise auf Allergene und Unverträglichkeiten
- Hinweise, wie Kinder helfen können
- Hinweise auf eventuelle Ergänzungen

Seien Sie kreativ!

Mit ein paar einfachen Zutatenänderungen können Sie ein Rezept leicht in ein laktosefreies (z. B. durch den Einsatz laktosefreier Milch oder pflanzlicher Sahne), vegetarisches (z. B. durch den Ersatz von Fleisch durch eine leckere Gemüsebeilage) oder glutenfreies (z. B. durch die Verwendung von glutenfreien Nudeln) abwandeln, auch wenn dies nicht bei jedem Rezept explizit erwähnt wird.

Scheuen Sie sich nicht, Ihre eigenen Ideen oder die der Kinder umzusetzen, selbst wenn Ihnen manches zuweilen »ungewöhnlich« erscheint. Grundsätzlich gilt: Alles, was schmeckt, ist erlaubt. Experimentieren Sie mit Kräutern, Pürierstäben und unterschiedlichen Garmethoden oder machen Sie mit den Kindern kleine Foodstyling-Experimente, in dem Sie das Essen auf dem Teller hübsch arrangieren oder die Zutaten vorab auf spezielle Weise zuschneiden. Denn auch bei den Kleinen isst das Auge mit und entscheidet oft über »mag ich« oder »mag ich nicht«.

Die wichtigsten Mahlzeiten des Tages

Frühstück

Ein perfekter Start in den Tag beginnt mit einem perfekten Frühstück, heißt es ja immer. Doch was genau macht ein Frühstück eigentlich perfekt? Das lässt sich im Grunde genommen mit vier Stichworten beantworten:

- ein Getreideprodukt (Müsli oder Frühstücksflocken, Brot, Cracker etc.)
- eine Portion Eiweiß (Milchprodukt, Ei)
- etwas Obst oder Saft (Beeren, Apfel, Orangensaft)
- ein Getränk (Tee, leichte Schorle, Wasser)

Kohlehydrate, Proteine und Fett im Verhältnis 5 : 3 : 2 ergeben einen ausgewogenen Mix für den Morgen und garantieren, dass sich die Kinder bis zum Mittagessen konzentrieren können und mit Spaß bei der Sache sind. Ob eine Kita Frühstück anbietet, liegt allerdings in ihrem eigenen Ermessen. Immerhin frühstücken gut ⅔ der Kinder heutzutage zumindest zu Hause oder bekommen eine Frühstücksbox mit auf den Weg.

Produkte wie Vollkornbrot, Rührei, Käsetoast, Müsli oder Pfannkuchen in Kombination mit frischen Früchten, Joghurt oder Quark sorgen für den perfekten Kickstart in den Tag – für notorische Nahrungsverweigerer tut's aber zur Not auch mal ein Glas Orangensaft. Lassen Sie Ihr Kind am besten selbst zwischen zwei oder drei Möglichkeiten fürs Frühstück entscheiden. Und vielleicht ist bei den Rezepten ein neuer Favorit dabei.

Smoothies: Als Frühstücksalternative, Zwischenmahlzeit oder Nachtisch sind Smoothies ideal. Kaum ein Kind, das sich nicht für die sanften »Früchtchen« begeistern ließe. Die Mischung aus Frucht, Saft und Milch hat auf Kinder eine magische Anziehungskraft. Vorteil für uns Erwachsenen: man kann zusätzlich noch allerhand Gesundes in die leckeren Drinks hineinmogeln. Ballaststoffe, Vitamine, Mineral- oder Biostoffe mit antioxidative Eigenschaften, wie sie beispielsweise in Orangen, Beeren oder Bananen enthalten sind. Im Gegensatz zu den gekauften Smoothies, die oft künstliche Aromastoffe und eine Extraportion Zucker enthalten, sind unsere Kita-Smoothies Natur pur. Und natürlich wahnsinnig lecker. Das gilt im Übrigen auch für die anderen Mischgetränke, die das Kapitel Getränke enthält. Ob zum Genießen oder Durstlöschen, für die Sommerparty oder bei verregneten Triefnasenwetter: hier ist für jeden etwas dabei. Ausprobieren!

Mittagessen

Wenn zwischen zwölf und zwei Uhr mittags die Energiekurve sinkt, steigt die Hungerkurve rapide an und der Körper verlangt nach neuem »Treibstoff«. Wenn er den nicht bekommt, quittiert er dies durch schlechte Laune, Müdigkeit und Konzentrationsmangel. Doch allein die Aussicht auf eine leckere, frisch zubereitete Mahlzeit hebt die Stimmung sofort. Deshalb lieben Kinder Pünktlichkeit!

Eiweiß und eine gute Portion Kohlenhydrate – angereichert mit hochwertigen Ölen und Fetten – sichern die Energieversorgung für den Nachmittag. Hierbei sollten Kartoffeln, Nudeln, Getreide oder Hülsenfrüchte im Vordergrund stehen. Dazu

immer etwas Gemüse, Salat oder Rohkost, maximal zwei Mal in der Woche Fleisch, mindestens einmal pro Woche Fisch. Aber auch Zuckerschnuten kommen auf ihre Kosten: Smoothies, leckere Obstsalate oder Stückobst sowie ein süßes Hauptgericht pro Woche gehören ebenfalls in einen gesunden, ausgewogenen Speiseplan.

Weit über 100 saisonale Rezepte aus den Kategorien Nudeln und Reis, Kartoffeln und Getreide, Fleisch, Fisch, Suppen, Salat, Gemüse sorgen für jede Menge Abwechslung in Ihrer Kita-Küche.

Brösel und Toppings: Die Mischung aus aromatischen Röstaromen und Knusper-Effekt hat es wirklich in sich und verleiht vielen Speisen einen unvergleichlichen Lecker-Faktor. Stellen Sie Ihren Kindern zur Suppe, zum Salat oder Püree ein kleines Schälchen »Zauberkrümel« dazu und lassen Sie sie ausprobieren, was ihnen schmeckt.

Kleinigkeiten

Für den kleinen Hunger zwischendurch eignen sich am besten frisches Obst oder ein paar Gemüsesticks, manchmal aber darf es auch ruhig etwas kreativer sein. Insbesondere, wenn die Kinder beim Schnippeln, Rühren, Wälzen oder Spießen mithelfen dürfen. Die »Kleinigkeiten« eignen sich dafür sehr gut, gehen schnell und funktionieren, wenn es sein muss, auch schon mal als Seelentröster.

Dips & Aufstriche: Kinder lieben es zu dippen. Und nicht selten werden Gemüsesticks nur als Löffelersatz verwendet, anstatt sie wirklich mit dem Dip aufzuessen. Ähnlich ist es mit Brotaufstrichen (S. 165), insbesondere, wenn sie so lecker sind wie unsere Kürbiskernbutter oder der Mango-Frischkäse. Ein ganz besonderes Rezept verbirgt sich allerdings hinter dem Namen »Labne«, das in seiner einfachsten Form nur eine einzige Zutat kennt: Joghurt. Was passiert, wenn man diesen in einen Kaffeefilter kippt, ihn in den Kühlschrank stellt und ein paar Stunden wartet – finden Sie es mit den Kindern heraus.

Backen

Dass in Kitas zusammen mit den Kindern gebacken wird, findet erfahrungsgemäß selten statt. Trotzdem halten wir hier tapfer die Bäckerfahne hoch und hoffen, dass sich das mit dem ein oder anderen Rezept dieses Kapitels ändert. Einen ganz besonderen »Aha-Effekt« darf man beispielsweise erwarten, wenn man sich an das »Ganz-von-selber-Brot« (S. 177) herantraut und die Kinder lernen, was ein paar Krümelchen Hefe so alles anrichten können. Aber auch die Mini-Weihnachtsstollen (S. 166), Halloween-Mumien (S. 147) oder Karnevals-Muzen (S. 145) sind wunderbare Rezepte, bei denen die Kinder toll mithelfen und ihre ersten Backerfahrungen sammeln können. Auszuprobieren lohnt sich!

FRÜHSTÜCK

Karibisch lecker

French-Toast mit Ananas

Sommer/vegetarisch

Für 10 Toasts • 20 Min.

80 g Butter • 100 g Zucker • 1 kleine Ananas • 5 große Eier • 250 ml Kokosmilch • ½ TL Zimt • mind. 10 große Scheiben Toast oder Rosinenbrot • 150 g Kokosraspel • Ahornsirup

- 2 EL Butter in einer großen Pfanne erhitzen, 2 TL Zucker zufügen. In Scheiben geschnittene Ananas in die Pfanne geben und karamellisieren, anschließend warm stellen. Ei, Kokosmilch, Zimt und restlichen Zucker verquirlen.

- Restliche Butter portionsweise in einer Pfanne schmelzen. Brotscheiben diagonal teilen, in dem Ei-Kokosmilch-Gemisch wälzen, in Kokosraspeln wenden und ausbraten.

- Pro Portion je 2 Toastscheiben-Hälften mit der Ananas anrichten und mit Ahornsirup übergießen.

Variante Zur Weihnachtszeit mit Christstollen oder Panettone

Tipp Auch für Spieße geeignet (Toast und Ananas entsprechend klein schneiden).

Allergene Gluten, Ei, Schwefeldioxid (falls Rosinen geschwefelt)

Energie bis zum Mittag

Super Frühstücks-Smoothie

ganzjährig/vegetarisch

Für 10 Kinderportionen • 5 Min.

500 ml Orangensaft • 1 l Milch • 5 EL Ahornsirup • 4 EL Weizenkleie • 5 TL Leinsamen • 1 Handvoll Walnüsse • 5 EL Sonnenblumenkerne • 50 g Haferflocken • 4 Bananen • 5 getrocknete Aprikosen • 5 getrocknete Feigen • 4 EL Goji-Beeren

- Alle Zutaten pürieren.

Variante Statt Walnüssen können auch andere Nüsse verwendet werden.

Tipp Enthält viele Ballaststoffe, Vitamine und sekundäre Pflanzenstoffe.

Allergene Milcherzeugnis, Gluten, Nüsse, Schwefeldioxid (falls Trockenfrüchte geschwefelt)

Gesunder Tagesstart

Ofenmüsli

ganzjährig/vegetarisch

Für gut 1,5 kg • 1 Stunde

500 g Haferflocken • 80 g Leinsamen • 50 g Kokosflocken • 100 g Sonnenblumenkerne • 200 g Kürbiskerne • 150 g Pekanusskerne oder Mandeln • 150 g geschälte Haselnüsse • 3 EL Rapsöl • 6 EL Ahornsirup oder Honig • 350 g gehacktes Trockenobst

- Ofen auf 130 °C vorheizen.

- Trockene Zutaten (bis auf Trockenobst) mischen. Die Menge in zwei Portionen teilen.

- Öl und Ahornsirup erhitzen, mit der einen Portionshälfte vermischen. Diese auf 1 – 2 Backbleche verteilen und ca. 45 Min. backen. Anschließend auskühlen lassen und mit der anderen Portionshälfte und dem Trockenobst mischen. In luftdichtem Behälter aufbewahren.

Für kleine Helfer Zutaten mischen.

Variante Für die Schoko-Variante zusätzlich 2 EL Kakaopulver, für die Weihnachtsvariante zusätzlich je 1 TL Zimt und Vanilleextrakt

Allergene Gluten, Nüsse, Schwefeldioxid (falls Trockenobst geschwefelt)

Kleine Kraftpakete

Müsli-Muffins

ganzjährig/vegetarisch

Für 12 Muffins • ca. 40 Min.

200 g Dinkelmehl • 4 EL Puderzucker • 2 TL Backpulver • 1 Prise Salz • 1 TL Zimt • 50 g Ofenmüsli oder Früchtemüsli • 1 reife Banane • 1 Ei • 300 g Naturjoghurt • 3 EL Honig • 4 EL Rapsöl • frische Beeren oder Weintrauben

- Ofen auf 190 °C vorheizen.

- Trockene Zutaten in einer Schüssel vermengen.

- In einer zweiten Schüssel die Banane zerdrücken, Ei, Joghurt, Honig und Öl untermischen. Inhalte beider Schüsseln gut vermengen.

- Muffinförmchen bis knapp unter den Rand füllen, ca. 30 Minuten backen. Lauwarme Muffins mit frischen Beeren oder Weintrauben servieren.

Für kleine Helfer Füllen der Muffinförmchen.

Variante Statt Dinkelmehl kann auch Weizenmehl verwendet werden.

Allergene Gluten, Milcherzeugnis, Ei

Alternative zu Müsli

Möhren-Nuss-Crumble

Herbst/Winter/vegetarisch
Für 10 Kinderportionen • ca. 45 Min.

2 Eier • 500 ml Milch • 200 g kernige Haferflocken • 4 EL Kokosraspel • 1 Tütchen Vanillezucker • 1 TL Backpulver • ¼ TL geriebener Ingwer • ½ TL Zimt • ¼ TL gemahlener Kardamom • 1 Prise Salz • 4 geraspelte Karotten • 50 g Cranberries • 180 g Walnüsse • 100 g Kürbiskerne • 4 EL Ahornsirup oder Honig • 2 EL Kokosnussöl oder Rapsöl • 4 kleine Birnen

- Ofen auf 180 °C vorheizen.

- Eier und Milch verquirlen. Haferflocken, Kokosraspel, Vanillezucker, Backpulver, Gewürze, Karotten und Cranberries dazugeben und alles gut mischen. Masse in eine gefettete Auflaufform geben.

- Nusskerne und Kürbiskerne mit dem Ahornsirup und dem Öl gut vermengen und gleichmäßig als Topping in die Auflaufform geben. 30 Minuten backen, etwas auskühlen lassen und mit Birnenscheiben servieren.

Für kleine Helfer Zutaten mischen.

Variante Statt Cranberries eignet sich auch jedes andere Trockenobst.

Allergene Gluten, Schwefeldioxid (falls Cranberries geschwefelt), Ei, Milcherzeugnis, Nüsse

Die lieben alle Kinder

Buttermilch-Pfannkuchen mit Himbeeren

Frühling/Sommer/vegetarisch
Für ca. 10 Pfannkuchen • 35 Min.

500 g Mehl • 4 EL Mandelstifte • 4 EL kernige Haferflocken • 2 TL Backpulver • 5 Eier • 1 l Buttermilch • 8 EL Butter • 2 Prisen Salz • 400 g Himbeeren • Puderzucker zum Bestäuben • ggf. Honig oder Ahornsirup

- Die trockenen Zutaten mischen.

- Eier trennen, Eigelbe und Buttermilch verquirlen, zu der Mehlmischung geben und mit dem Schneebesen (nicht zu lange) verrühren. Den Teig ca. 15 Minuten quellen lassen.

- Butter auslassen und leicht bräunen, unter den Teig heben. Eiklar mit 2 Prisen Salz steif schlagen, ebenfalls unter den Teig heben.

- Nacheinander kleine Pfannkuchen in einer beschichteten, leicht gefetteten Pfanne ausbacken, dabei je einige Himbeeren mitbraten und mit dem Pfannkuchen wenden. Mit Puderzucker, etwas Honig oder Ahornsirup servieren.

Für kleine Helfer Beeren verlesen.

Variante Statt Himbeeren eignen sich auch Blaubeeren, Brombeeren oder Bananenscheiben.

Tipp Bei der Zubereitung zwei Pfannen gleichzeitig verwenden, die Pfannkuchen ggf. im Ofen bei ca. 80 °C warm halten.

Allergene Gluten, Nüsse, Ei, Milcherzeugnis

NUDELN UND REIS

Pasta mit Knabber-Topping

Spinat-Käse-Nudeln mit Nüssen

Herbst/vegetarisch

Für 10 Kinderportionen • 45 Min

750 g kurze Pasta (z. B. Rigatoni, Penne) • 800 ml Milch • 400 g Gorgonzola • 4 EL Frischkäse • 8 EL Wasser • 4 EL Honig • 4 EL Zucker • 200 g gemischte Nüsse • 300 g Blattspinat (TK) • etwas geriebene Muskatnuss • Salz • Pfeffer

- Nudeln in reichlich Salzwasser bissfest garen.

- Milch bis kurz vor dem Siedepunkt erhitzen, Gorgonzola hineinbröckeln und schmelzen lassen, zum Schluss Frischkäse zufügen und mit dem Schneebesen glatt rühren.

- Wasser, Honig und Zucker in eine Pfanne geben und erhitzen, bis der Zucker sich gelöst hat. Nüsse dazugeben und langsam karamellisieren, bis das Wasser verdampft ist. Nüsse auf einen Teller geben, etwas auskühlen lassen.

- Aufgetauten und grob gehackten Spinat zur Käsesauce geben, 2 Minuten köcheln lassen und mit etwas Muskatnuss, Salz und Pfeffer abschmecken. Nudeln auf Teller verteilen, Käsesauce darüber geben und mit den karamellisierten Nüssen bestreuen.

Variante Das Verhältnis von Gorgonzola zu Frischkäse kann nach eigenem Geschmack verändert werden.

Allergene Gluten, Milcherzeugnis, Nüsse

Geliebtes Hasenfutter

Spaghetti mit Möhrensauce und Sesampute

ganzjährig

Für 10 Kinderportionen • 1 Std.

500 g Spaghetti • 700 g gewürfelte Möhren • 1 – 2 fein geschnittene Zwiebeln • 2 gepresste Knoblauchzehen • 40 g Butter • 1 l Gemüsebrühe • 8 EL Sesamsamen • 8 EL Hartweizengrieß • 2 verquirlte Eier • Rapsöl zum Braten • 600 g Putenbrustfilet • 400 g Crème fraîche • 100 ml Orangensaft • Salz • Pfeffer

- Spaghetti in reichlich Salzwasser bissfest garen.

- Möhren, Zwiebeln und Knoblauch in Butter anschwitzen, mit Gemüsebrühe auffüllen und kochen, bis die Möhren weich sind.

- Je eine Schüssel mit Sesamsamen, Hartweizengrieß und verquirlten Eiern vorbereiten. Rapsöl in der Pfanne erhitzen. Gewaschene, trocken getupfte Putenbrust in mundgerechte Stücke schneiden, nacheinander in Grieß, Ei und Sesam wälzen und in ca. 10 Minuten goldbraun braten.

- Von den gekochten Möhrenwürfeln 6 EL abnehmen, restliche Möhren in der Brühe pürieren, mit Crème fraîche und Orangensaft verfeinern. Alles mit Salz und Pfeffer abschmecken und die abgenommene Möhrenwürfel wieder zufügen. Möhrensauce mit den Spaghetti mischen, auf Teller verteilen und mit Putenbrustwürfeln servieren.

Variante Statt Crème fraîche kann auch Sahne oder Frischkäse (weniger Fett) verwendet werden, statt des Putenbrustfilets eignet sich auch Hühnerbrustfilet.

Allergene Gluten, Milcherzeugnis, Sesam, Ei

Herbstlich aromatisch

Orecchiette mit Bohnen und Pilzen

Herbst/vegetarisch

Für 10 Kinderportionen • 50 Min.

600 g Orecchiette oder andere kurze Pasta • 600 g grüne Bohnen • 5 EL Olivenöl • 2 kleine, fein gewürfelte Zwiebeln • Prise Zucker • 400 g Austernpilze oder Champignons • Salz • Pfeffer • 6 – 8 EL grünes Pesto (Fertigprodukt) • 8 EL gehobelten Parmesan

- Nudeln in reichlich Salzwasser bissfest garen.

- Geputzte Bohnen zerkleinern, ca. 10 Minuten dämpfen oder dünsten.

- Inzwischen Olivenöl in einer Pfanne erhitzen, Zwiebeln mit etwas Zucker glasig dünsten und die Pilze dazugeben. Salzen und pfeffern, 5 Minuten braten, dann die Bohnen zufügen und alles gut durchschwenken.

- Nudeln abgießen, noch leicht nass zurück in den Topf geben und sofort das Pesto untermischen, Nudeln mit den Bohnen und den Pilzen durchschwenken und auf die Teller verteilen. Mit Parmesanspänen bestreuen.

Variante Vier Scheiben klein geschnittenen Kochschinken zufügen.

Allergene Gluten, Nüsse (evtl. im Pesto), Milcherzeugnis

Orecchiette mit grünen Bohnen und Pilzen

Kinderlieblingsessen

Erbsencarbonara

ganzjährig
Für 10 Kinderportionen • 35 Min.

600 g junge Erbsen (TK) • 600 g Penne (kleine) • 8 Eigelbe • 120 g fein geriebener Parmesan • 2 gewürfelte Mozzarellakugeln • 4 TL gehackte Zitronenmelisse oder Petersilie • Salz • Pfeffer

- Die Erbsen in siedendem Salzwasser ca. 3 Minuten ziehen lassen.
- Das Wasser abgießen, in einem zweiten Topf auffangen und die Penne darin bissfest garen.
- Die Eigelbe, geriebenen Parmesan und 4 – 5 EL heißes Nudelwasser mit dem Schneebesen verrühren. Penne abgießen und sofort dazugeben, gut durchmischen und bei geschlossenem Deckel ca. 6 Minuten bei kleiner Flamme heiß halten (Ei!).
- Schließlich die Erbsen, Mozzarella und Kräuter zufügen, durchschwenken und servieren.

Variante Es eignen sich auch kleine Mozzarellaperlen.

Allergene Gluten, Ei, Milcherzeugnis

Eine perfekte Kombination

Nudeln mit Sahnelinsen

ganzjährig/vegetarisch
Für 10 Kinderportionen • ca. 30 Min.

750 g Fusilli (oder andere Pasta) • 2 gewürfelte Zwiebel • 2 gepresste Knoblauchzehen • 2 EL Olivenöl • 1 TL Zucker • 400 g Berglinsen • 500 ml Gemüsebrühe • 400 ml Sahne • 2 – 3 TL fein gehacktes Bohnenkraut • 6 EL Schmand • Salz • Pfeffer • 2 gewürfelte Mozzarellakugeln

- Nudeln in reichlich Salzwasser bissfest garen.
- Zwiebeln und Knoblauch in Olivenöl und Zucker anschwitzen, gewaschene Linsen zufügen, kurz mitdünsten, mit Gemüsebrühe und Sahne ablöschen, 20 Minuten köcheln, bis die Linsen bissfest sind.
- Bohnenkraut und Schmand unter die Linsen rühren, mit Salz und Pfeffer abschmecken. Nudeln mit den Linsen und Mozzarellawürfeln servieren.

Variante Verwenden Sie Vollkorntoast-Croutons statt Mozzarella, statt Bohnenkraut eignet sich auch Petersilie.

Allergene Gluten, Milcherzeugnis

Ganz einfach, ganz lecker

Farfalle mit Zitronen-Ricotta

Sommer
Für 10 Kinderportionen • 25 Min.

750 g Farfalle • 750 g Ricotta • 3 Bio-Zitronen (Abrieb) • 150 g geriebener Parmesan oder Pecorino • 1 Bund klein gehackter Basilikum • Salz • Pfeffer

- Farfalle in reichlich Salzwasser bissfest garen.
- Ricotta mit dem Zitronenabrieb, Parmesan, Basilikum und 100 ml Nudelkochwasser 2 Minuten mit dem Schneebesen oder Handmixer cremig aufschlagen, mit Salz und Pfeffer abschmecken.
- Die gegarten Farfalle abgießen, sofort zurück in den Topf geben und mit der Ricottacreme verrühren. Nach Geschmack mit Parmesanspänen und frischem Pfeffer servieren.

Variante Mischen Sie nach Geschmack frischen Babyspinat oder gedünstete Zucchinistreifen mit in die Sauce.

Tipp Zitronenabrieb gibt einer Sauce Aroma, Zitronensaft zusätzlich Säure.

Allergene Gluten, Milcherzeugnis

Farfalle mit Zitronen-Ricotta

Nudeln mit Tomatensauce

Schmeckt wie Urlaub in Italien

Nudeln mit Tomatensauce

ganzjährig/vegetarisch
Für 10 Kinderportionen • ca. 35 Min.

2 geriebene Möhren • 60 g geriebener Knollensellerie • 4 TL Zucker • 6 EL Olivenöl • 2 fein gewürfelte Zwiebeln • 4 fein gehackte Knoblauchzehen • 1600 g gestückelte Tomaten (Dose) • 4 TL Salz • 5 – 6 Stängel Zitronenthymian • 750 g Pasta nach Wahl • Salz • Pfeffer • 4 Stängel Oregano • 5 Stängel Basilikum • frisch geriebener Parmesan

- Geriebenen Möhren und Sellerie mit Zucker und Olivenöl 4 Minuten anschwitzen, Zwiebeln und Knoblauchzehen zufügen, kurz mitdünsten, dann mit gestückelten Tomaten auffüllen und mit ca. 4 TL Salz und Zitronenthymianzweigen würzen. Mindestens 20 Minuten offen kochen (besser länger und immer wieder mit etwas Wasser auffüllen).

- Inzwischen die Nudeln in Salzwasser bissfest garen. Thymianzweige aus der Sauce wieder entfernen, nochmals mit Salz und Pfeffer abschmecken, ganz zum Schluss gehackten Oregano und Basilikum zufügen. Nudeln mit der Sauce marinieren, mit frischem Parmesan servieren.

Variante Die Hälfte der Sauce mit 800 g gebratenem Hackfleisch vermischt ergibt eine Sauce Bolognaise.

Tipp Lässt sich gut auf Vorrat kochen und als Basis für viele Gerichte verwenden, z. B. als schnelle Tomatensuppe: einfach pürieren, mit Wasser verdünnen und abschmecken.

Allergene Gluten, Sellerie, Milcherzeugnis

So einfach geht das

Gebratene asiatische Nudeln

ganzjährig/vegetarisch
Für 10 Kinderportionen • 30 Min.

500 g asiatische Eiernudeln • 4 gewürfelte Schalotten • 8 gestiftete Möhren • 200 g in feine Streifen geschnittener Weißkohl • 10 – 12 in Scheiben geschnittene Champignons • 4 EL Rapsöl • 2 TL Zucker • ca. 10 EL helle Sojasauce • 2 EL Sesamöl • 100 g Sojasprossen • Salz • Pfeffer • Reis-Curry-Brösel (S. 158)

- Asiatische Eiernudeln laut Packungsangabe garen, anschließend abtropfen und ausdämpfen lassen.

- Schalotten, Möhren, Weißkohl und Pilze in heißem Rapsöl anbraten, leicht zuckern, mit Sojasauce ablöschen und mit Sesamöl würzen.

- Nudeln zufügen, alles gut vermengen und weitere 3 – 4 Minuten weiterbraten, nochmals mit Sojasauce, Salz und Pfeffer abschmecken. Nudeln zum Servieren mit Reis-Curry-Bröseln bestreuen.

Variante Statt der Brösel schmecken zu diesem Gericht auch Röstzwiebeln.

Allergene Gluten, Ei, Soja, Sesam

Raffiniert und vitaminreich

Nudeln mit Pesto und Röstgemüse

ganzjährig

Für 10 Kinderportionen • 45 Min.

5 mittelgroße Paprika (bunt) • 2 kleine Auberginen • 2 Zucchini • 5 Knoblauchzehen • Rapsöl zum Braten • 750 g Tagliatelle • 100 g grob gehackte Mandeln • 100 ml Olivenöl oder Rapsöl • 2 Bund Rucola oder Basilikum • Salz • Pfeffer • gehobelter Parmesan oder Kräuter nach Geschmack

- Ofen auf 100 °C vorheizen.

- Geputztes Gemüse in mundgerechte Stücke/Scheiben schneiden, geschälten Knoblauch andrücken und zufügen, alles salzen und pfeffern. Gemüse portionsweise in Öl jeweils ca. 6 – 8 Minuten anbraten, anschließend im Ofen warm halten.

- Tagliatelle in reichlich Salzwasser bissfest garen.

- Mandeln ohne Fett in der Pfanne leicht anrösten, anschließend in ein hohes Gefäß geben, mit 100 ml Olivenöl und 8 EL Nudelwasser auffüllen, 200 g von dem Röstgemüse dazugeben und alles gut durchpürieren, mit Salz und Pfeffer abschmecken. Tagliatelle mit dem Pesto marinieren, Rucola untermischen und mit dem restlichen Röstgemüse auf Teller verteilen. Nach Geschmack mit Kräutern und Parmesanspänen bestreuen.

Allergene Gluten, Milcherzeugnis, Nüsse

Grüße aus Süddeutschland

Käseknöpfle mit Röstzwiebeln

ganzjährig/vegetarisch

Für 10 Kinderportionen • 1 Std.

reichlich Butterschmalz oder Pflanzenöl • 8 Zwiebeln • 8 EL Mehl • 720 g Weizenmehl (Spätzlemehl) • 6 Eier • 340 ml warmes Wasser • 500 g fein geriebener Käse (z. B. Bergkäse oder Gruyère) • Salz • Pfeffer • Muskatnuss

- Reichlich Butterschmalz (oder Pflanzenöl) erhitzen, Zwiebeln in möglichst dünne Ringe schneiden, in Mehl wälzen und ausfrittieren, bis sie goldbraun sind. Auf Küchenkrepp abtropfen lassen, später etwas zerkleinern.

- Ofen auf 150 °C vorheizen.

- Mehl, Eier und warmes Wasser zu einem Teig verrühren, bis er Blasen schlägt. Etwas ruhen lassen. Inzwischen einen Topf mit reichlich Salzwasser zum Kochen bringen. Mit einem Knöpflehobel den Teig portionsweise ins heiße Wasser geben und die Knöpfle 1 – 2 Minuten ziehen lassen, bis sie an die Oberfläche steigen. Mit einer löchrigen Schöpfkelle die Knöpfle herausnehmen, in eine vorgewärmte Form geben und mit etwas Käse bestreuen.

- Diesen Vorgang so oft wiederholen, bis der Knöpfleteig und der Käse aufgebraucht sind. Währenddessen die Knöpfle im Ofen warm halten. Mit Salz, Pfeffer und Muskatnuss abschmecken und mit den Röstzwiebeln servieren.

Tipp Zur Zeitersparnis können auch fertige Knöpfle oder Spätzle aus dem Kühlregal verwendet werden.

Allergene Gluten, Ei, Milcherzeugnis

Käseknöpfle mit Röstzwiebeln

Ein Hoch auf das Geburtstagskind

Nichts gegen Würstchen mit Kartoffelsalat; wer aber etwas mehr Farbe und Pep auf die Geburtstagstafel zaubern will, findet hier vielleicht eine passende Rezeptidee. Und übrigens: Am Geburtstag darf ruhig auch mal gesündigt werden.

Schnell gemixt für heiße Tage

Erdbeer-Melonen-Smoothie

Sommer/vegetarisch

Für 10 Kinderportionen • 10 Min.

1 Honigmelone • 12 Erdbeeren • 500 g Naturjoghurt • 500 ml Milch • 1 EL Minzblätter • 8 Eiswürfel

- Melone auslösen und in Stücke schneiden, Erdbeeren putzen und halbieren, anschließend alles mit den anderen Zutaten pürieren.

Variante Probieren Sie diesen Smoothie auch mit Mandelmilch (S. 170).

Allergene Milcherzeugnis

Selbstgemachte Lutscher

Vitamin-Lollies

ganzjährig/vegetarisch

Für 20 Lollies • 20 Min. + Auskühlzeit

200 g Zucker • 50 ml Wasser • 150 ml Zitronensirup (S. 173) • 1 – 2 TL Vitamin-C-Pulver

- Zwei Backbleche mit Backpapier auslegen.
- Zucker, Wasser und Zitronensirup in einen Topf geben und unter ständigem Rühren aufkochen, der Zucker muss vollständig aufgelöst sein. Vitamin-C-Pulver untermischen.
- Spieße mit etwas Abstand auf den Backblechen verteilen und je 1 – 2 TL Zuckermasse auf eines der Enden tropfen lassen. Nach dem Auskühlen lassen sich die Lollies leicht ablösen.

Schneller Klassiker

Kirschtomaten-Mozzarella-Spieße

Sommer/vegetarisch

Für ca. 10 Spieße • 10 Min.

30 Kirschtomaten • 30 kleine Mozzarellakugeln • 5 – 6 Stängel Basilikum, gezupft • Allrounder-Dressing (S. 118) • Vollkornbaguette oder -toast

- Kirschtomaten waschen, trocknen, Mozzarellakugeln abgießen.
- Kirschtomaten, Basilikumblättchen und Mozzarellakugeln im Wechsel auf die Holzspieße stecken und mit Dressing beträufeln.
- Mit Vollkornbaguette oder -toast servieren.

Allergene Gluten, Milcherzeugnis, Allergene für Dressing

Sandwichmaker in Aktion

Pizza-Toasties

ganzjährig/vegetarisch
Für 10 Personen • 45 Min.

1 gewürfelte Zwiebel • 1 gepresste Knoblauchzehe • 3 EL Olivenöl • 1 TL Zucker • 4 EL Tomatenmark • 2 Dosen Pizzatomaten (à 400 g) • 2 EL getrockneter Oregano • Salz • Pfeffer • 1 EL Speisestärke (aufgelöst in etwas Wasser) • 20 Scheiben Vollkorntoast • 300 g Salami, in kleine Würfel geschnitten • 1 Bund Basilikum • 300 g geriebener Käse (z. B. Mozzarella, Gouda)

- Zwiebeln und Knoblauch in Öl und Zucker anschwitzen, Tomatenmark zufügen, 1 Minute mitrösten. Pizzatomaten und Oregano zufügen, 5–6 Minuten köcheln lassen, salzen und pfeffern. Gelöste Speisestärke unterrühren.

- Auskühlen lassen, ggf. noch mal abschmecken.

- Den Sandwichmaker vorheizen, die Hälfte der Vollkorntoastscheiben großzügig mit der Tomatenmasse bestreichen, mit Salamiwürfeln belegen und mit Käse und Basilikum bestreuen. Toastscheiben mit einer zweiten Scheibe belegen und in den Sandwichmaker geben.

Das passt dazu Grüner Salat

Variante Statt Salami kann auch gekochter Schinken verwendet werden.

Allergene Gluten, Milcherzeugnis, Zutatenliste für Salami

»Viel Glück und viel Segen«

Der beste Schokoladenkuchen

ganzjährig/vegetarisch
Für 1 Springform • 1 Std. + Auskühlzeit

300 g dunkle Schokolade • 4 getrennte Eier • 250 g sehr weiche Butter • 200 g Zucker • 2 EL Kakao • 4 EL Mehl • 80 g gemahlene Mandeln • 1 TL Backpulver • 1 Papierschablone • 1 EL Puderzucker • 1 EL Kakao • kleine Kerzen

- Ofen auf 170 °C vorheizen.

- Schokolade hacken und im Wasserbad schmelzen.

- Eiklar steif schlagen. Eigelbe, Butter und Zucker schaumig schlagen, nach und nach die geschmolzene Schokolade, Kakao, Mehl, Mandeln und Backpulver zufügen und durchmischen, zum Schluss Eischnee unterziehen.

- Teigmasse in eine gefettete Springform füllen, ca. 45 Minuten backen und bei geöffneter Ofenklappe 30 Minuten auskühlen lassen.

- Inzwischen eine Papierschablone basteln, dazu ein kreisrundes Papierstück anfertigen (Durchmesser sollte dem des Kuchens entsprechen), und in der Mitte eine große Zahl ausschneiden. Den Kuchen mit Kakaopulver bestäuben, Schablone auflegen und mit Puderzucker bestäuben. Zum Schluss Kerzen auf den Kuchen stecken.

Allergene Nüsse, Gluten, Ei

Vollkornnudeln mit Pilzen und Crouton-Crunch

Einfache Pilzpasta

Vollkornnudeln mit Pilzen und Crouton-Crunch

Herbst/vegetarisch

Für 10 Kinderportionen • 40 Min.

750 g kurze Vollkornnudeln • 1 fein gewürfelte Zwiebel • 2 gepresste Knoblauchzehen • 700 g Champignons • 60 g Butter • 220 ml Gemüsebrühe • 3 EL Crème fraîche • Salz • Pfeffer • 4 Stängel gezupfte und gehackte Petersilie • 1 EL Rapsöl • 4 Scheiben gewürfeltes Toastbrot • 4 EL frisch geriebenen Parmesan

- Vollkornnudeln in Salzwasser bissfest garen.
- Die Hälfte der Champignons möglichst klein schneiden, dann mit Zwiebeln und Knoblauch in 30 g ausgelassener Butter ca. 5 Minuten anschwitzen. Mit Gemüsebrühe ablöschen, Crème fraîche zufügen und mit Salz und Pfeffer würzen.
- Restliche Champignons vierteln und in einer zweiten Pfanne mit der restlichen Butter und Petersilie anschwitzen, dann zur Pilzsauce geben und alles verrühren.
- Pfanne auswischen, 1 EL Rapsöl erhitzen und Toastbrotwürfel kross anbraten. Nach und nach Parmesankäse zufügen und unter ständigem Rühren mit den Croutons mischen. Vollkornnudeln in die Pilzsauce geben und auf Teller verteilen, mit Parmesan-Croutons bestreuen.

Variante Crème fraîche kann durch Frischkäse oder Schmand ersetzt werden.

Allergene Gluten, Milcherzeugnis, Gemüsebrühe auf Allergene prüfen

Grüner Spargel schmeckt auch den Kleinen

Spargel-Linguine

Frühling/vegetarisch

Für 10 Kinderportionen • 45 Min.

600 g Linguine oder Spaghetti • 1 kg grüner Spargel • 4 fein gewürfelte Schalotten • 4 EL Rapsöl • 500 ml Sahne • 400 ml Gemüsebrühe • 250 g frisch geriebener Parmesan • Salz • Pfeffer • etwas Muskatnuss • 4 Eigelbe • 150 g Butter

- Nudeln in reichlich Salzwasser bissfest garen.
- Vom Spargel die Enden abschneiden, das letzte Drittel schälen und mit dem Sparschäler die Stangen in Streifen hobeln.
- Zwiebeln in Öl glasig dünsten, mit Sahne und Brühe ablöschen, 10 Minuten offen köcheln lassen, dann vom Herd ziehen und den Käse einstreuen, mit Salz, Pfeffer und Muskatnuss abschmecken. Zum Schluss die Eigelbe mit dem Schneebesen unterrühren, bis die Sauce sämig wird (sollte sie es nicht werden, noch mal leicht erhitzen und rühren).
- Butter in der Pfanne schmelzen, Spargelstreifen darin 3 Minuten dünsten, 2 EL Nudelwasser zufügen. Nudeln abgießen, mit dem Spargel mischen und anrichten, Parmesansauce darübergießen.

Variante Der Spargel kann auch schräg in dünne Scheiben geschnitten werden. Statt der Sahne kann mit Milch glatt gerührter Frischkäse verwendet werden.

Allergene Gluten, Milcherzeugnis, Ei, Gemüsebrühe auf Allergene prüfen

In wenigen Minuten auf dem Tisch

Spaghetti mit braunen Butterbröseln

ganzjährig/vegetarisch
Für 10 Kinderportionen • 25 Min.

750 g Spaghetti • 200 g Butter • 4 EL Rapsöl • 10 EL Semmelbrösel • 200 g gehobelter Parmesan

- Die Spaghetti in siedendem Salzwasser bissfest garen.

- Butter in einer Pfanne schmelzen, bis sie brutzelt, Rapsöl zufügen, Semmelbrösel einstreuen und unter ständigem Rühren langsam bräunen.

- Die noch feuchten Spaghetti auf Teller verteilen, heiße Bröselbutter darüber geben und mit gehobelten Parmesanspänen bestreuen.

Tipp Etwas Kochwasser macht klebrige Spaghetti wieder geschmeidig.

Allergene Gluten, Milcherzeugnis

Schnelle Garküche

Chinesische Nudeln

ganzjährig
Für 10 Kinderportionen • 45 Min.

600 g Schweinehackfleisch • 200 ml dunkle Sojasauce • 1 TL Salz • 2 EL Erdnussöl • 2 gepresste Knoblauchzehen • 2 EL frisch geriebener Ingwer • 2 EL Rapsöl • 4 fein geschnittene Frühlingszwiebeln • 4 EL helle Sojasauce • 3 TL Salz • 1 l Hühnerbrühe • 700 g chinesische Eiernudeln • 5 – 6 EL Sesampaste (Tahin) • 2 Salatgurken, geschält, entkernt und in feine Streifen geschnitten • 4 TL Sesamsalz (S. 154)

- Hackfleisch mit 200 dunkler ml Sojasauce und 1 TL Salz vermengen, 10 Minuten ruhen lassen. Pfanne oder Wok erhitzen, Erdnussöl hineingeben und Hackfleisch unter Rühren 5 Minuten braten. Fleisch herausnehmen, beiseitestellen.

- Knoblauch, Ingwer und 2 EL Rapsöl in den Wok geben, kurz anbraten, dann die Frühlingszwiebeln zugeben und andünsten. Sesampaste, helle Sojasauce, 2 TL Salz und Hühnerbrühe zufügen und für ca. 5 Minuten bei niedriger Hitze köcheln lassen, zum Schluss das Hackfleisch untermischen.

- Nudeln nach Packungsangabe kochen, abgießen und abgetropft zur Fleischmischung geben, Gurkenscheiben unterrühren und auf die Teller verteilen. Nach Geschmack mit Sesamsalz bestreuen.

Variante Mischen Sie noch frisch gehacktes Koriandergrün in die Sauce. Statt Schweinehackfleisch kann auch Hackfleischersatz aus Tofu verwendet werden.

Allergene Gluten, Ei, Soja, Erdnuss, Sesam, Hühnerbrühe

Chinesische Nudeln

Mit orientalischer Note

Cannelloni mit Linsen

ganzjährig/vegetarisch

Für 10 Kinderportionen • 1 Std.

2 altbackene Vollkornbrötchen • je 400 g gewürfelte Aubergine und Zucchini • je 1 gewürfelte rote und gelbe Paprika • 1 gewürfelte Zwiebel • 2 gepresste Knoblauchzehen • 800 g Linsen (gekocht) • 6 Stängel Petersilie • 2 Stängel Minze • 4 TL Curry • 1 TL Zimt • 4 TL Salz • 500 ml Tomatensugo (S. 55) • 500 g Cannelloniröhrchen • 400 g geriebener Mozzarella

- Vollkornbrötchen grob gewürfelt in etwas Wasser einweichen.
- Zucchini, Aubergine, Paprika, Zwiebel und Knoblauch in einer Schüssel mischen, mit den Linsen, den klein gehackten Kräutern, Gewürzen und den ausgedrückten Brötchen vermengen. Ofen auf 180 °C vorheizen.
- 10 – 12 EL Tomatensugo in eine feuerfeste Form geben, gleichmäßig verteilen
- Cannelloniröhrchen mit der Linsenmasse füllen, nebeneinander in die Backform legen. Restliche Tomatensugo über die Cannelloni gießen und mit Mozzarella bestreuen, ca. 40 Minuten backen.

Variante Statt der Linsen kann z. B. auch Lammhackfleisch oder Hackfleischersatz aus Tofu verwendet werden.

Allergene Gluten, Milcherzeugnis, Tomatensugo (s. Rezept)

Knackiger Nudelauflauf

Vollkornfrittata

Herbst

Für 10 Kinderportionen • ca. 35 Min.

400 g Vollkornspaghetti • 4 klein geschnittene Frühlingszwiebeln oder 1 Stange Lauch • 2 gepresste Knoblauchzehen • 2 mittelgroße gewürfelte Auberginen • 100 g gewürfelter durchwachsener Speck • 6 EL Rapsöl • Salz • Pfeffer • 8 Stängel frischer Oregano • 8 große Eier • 40 g frisch geriebener Parmesan • 120 g Feta • 2 Stängel frische Minze oder Petersilie

- Vollkornspaghetti in reichlich Salzwasser bissfest garen.
- Frühlingszwiebeln, Knoblauch, Auberginen- und Speckwürfel in Rapsöl anbraten, salzen und pfeffern. Ofen auf 190 °C vorheizen.
- Vollkornspaghetti und fein geschnittenen Oregano zum Gemüse geben, alles gut durchschwenken. Eier mit Parmesan verquirlen. Nudel-Gemüse-Masse in eine feuerfeste Form geben und mit dem Eierguss übergießen. Zerbröselten Feta darüberstreuen und für 15 Minuten in den Ofen stellen, bis das Ei gestockt ist. Mit fein geschnittener Minze oder Petersilie bestreuen.

Variante Statt der Auberginen kann auch jedes andere Gemüse (evtl. leicht vorgegart) verwendet werden. Wer keinen Feta mag, nimmt geriebenen Gouda oder Mozzarella.

Allergene Gluten, Milcherzeugnis, Ei

Für Erbsenzähler

Zitronen-Risotto mit Erbsen

Sommer/vegetarisch
Für 10 Kinderportionen • 35 Min.

ca. 2,4 l Gemüsebrühe • 1 – 2 gewürfelte Zwiebeln • 4 EL Olivenöl • 750 g Risotto-Reis • 2 EL Butter • 8 EL geriebener Parmesan • 1 Bio-Zitrone (Abrieb) • 250 g junge Erbsen (TK) • Salz • Pfeffer

- Brühe erhitzen und auf kleiner Flamme warm halten. Zwiebeln in Öl 2 Minuten glasig dünsten, Reis einstreuen, 1 Minute mit anschwitzen, bis er ebenfalls leicht glasig ist. Mit heißer Brühe aufgießen, bis der Reis mit der Flüssigkeit bedeckt ist. Reis immer wieder umrühren und Brühe zufügen, sobald sie fast ganz aufgesogen ist (Vorgang kann je nach Reissorte bis zu 20 Minuten dauern).

- Sobald der Reis bissfest gegart ist, Butter, geriebenen Parmesan, 2 TL Zitronenabrieb und die aufgetauten Erbsen zufügen. Alles gut umrühren, mit Salz und Pfeffer abschmecken und bei geschlossenem Deckel 3 Minuten ziehen lassen.

Variante Das Rezept lässt sich vielfach variieren und kombinieren, z. B. mit gehobelten Möhren, Blattspinat oder gedünstetem Fisch.

Allergene Milcherzeugnis, Gemüsebrühe auf Allergene prüfen.

Köstlich mit knackigem Topping

Milch-Risotto mit Nuss-Crunch

ganzjährig/vegetarisch
Für 10 Kinderportionen • 45 Min.

150 g Zucker • 2 TL Butter • 2 EL gehackte Haselnüsse • 2 EL Mandelstifte • 2 EL kernige Haferflocken • 2 EL Sonnenblumenkerne • 2 l Milch • 220 g Zucker • 4 Tütchen Vanillezucker • 2 EL Butter • 500 Gramm Risotto-Reis • 3 TL gemahlener Zimt • 1 Bio-Orange (Abrieb)

- Für das Topping 150 g Zucker in eine Pfanne streuen und bei mittlerer Hitze schmelzen (erst rühren, wenn der Zucker sich aufgelöst hat). Sobald er anfängt zu schäumen, 2 TL Butter zufügen, ebenfalls schmelzen lassen, Haselnüsse, Mandelstifte, Haferflocken und Sonnenblumenkerne zufügen, unter Rühren hellbraun anrösten, dann zügig auf einen Bogen Backpapier geben. Mit einem zweiten Bogen Backpapier bedecken, mit einem Nudelholz flach walzen und auskühlen lassen.

- Milch erhitzen, 220 g Zucker und Vanillezucker darin auflösen, warm halten. 2 EL Butter schmelzen, Risotto-Reis einrühren, anschwitzen und unter Rühren Milch zufügen, bis der Reis bedeckt ist, weiterrühren. Sobald die Milch aufgesogen ist, erneut Milch zufügen und Vorgang wiederholen, bis die Milch aufgebraucht bzw. der Reis gar ist.

- Zum Schluss den Zimt und nach Geschmack abgeriebene Orangenschale zufügen und mit klein gebröckeltem Nuss-Crunch servieren.

Variante Funktioniert auch mit normalem Milchreis.

Allergene Nüsse, Gluten, Milcherzeugnis

KARTOFFELN UND GETREIDE

Vielseitig

Buchweizen-Crêpes mit Spiegelei & Bacon

Herbst

Für 10 – 15 Crêpes • ⏲ 45 Min.

4 große Eier • 600 ml Milch • 250 ml Wasser • Salz • 250 g Weizenmehl • 250 g Buchweizenmehl • 2 TL Salz • 4 EL Rapsöl • 3 – 4 Frühlingszwiebeln • Rapsöl • 20 Streifen Bacon • 10 Eier (für Spiegelei) • Rapsöl zum Braten • 150 g frisch geriebener Parmesan oder Gouda • 1 Bund Petersilie oder Schnittlauch

- Ofen auf 80 °C vorheizen.

- 4 Eier, Milch, Wasser und Salz verquirlen. Mehl in einer zweiten Schüssel mischen, dann die Eiermilch und 4 EL Rapsöl mit dem Schneebesen unterrühren, Teig 15 Minuten quellen lassen. Klein geschnittene Frühlingszwiebeln in etwas Rapsöl anschwitzen, warm stellen. Bacon knusprig braten, ebenfalls warm stellen.

- Für die Crêpes je 1 kleine Kelle Teig in einer beschichteten, mit Rapsöl ausgepinselten Pfanne dünn verteilen und je 2 Minuten von jeder Seite backen. Crêpes aufeinanderschichten und im Ofen warm halten.

- Spiegeleier nacheinander und von beiden Seiten in etwas Öl braten. Speck, Zwiebel auf die Crêpes verteilen, je 1 Spiegelei auflegen, Crêpe zur Mitte hin umklappen. Nach Belieben mit etwas geriebenem Käse und gehackten Kräutern bestreuen.

Variante Mit gekochtem Schinken, Rucolasalat, Aufstrich

Tipp Bei der Zubereitung 2 Pfannen verwenden.

Allergene Gluten, Ei, Milcherzeugnis

Dibbelabbes aus dem Saarland

Kartoffel-Gemüse-Puffer mit Spiegelei

ganzjährig

Für 10 Kinderportionen • 50 Min.

2 kg Kartoffeln • 2 Karotten • 80 g Knollensellerie • 1 Stange Lauch • 250 g gewürfelter Bauchspeck • 2 Eier • 4 Stängel Majoran • Salz • Pfeffer • Muskatnuss • 1 Bund Petersilie • 60 g Butterschmalz oder Rapsöl • 10 Eier • 500 g Sauerrahm

- Kartoffeln, Karotten und Knollensellerie grob raspeln, mischen und salzen. Abgedeckt 20 Minuten ziehen lassen.

- Lauch in feine Ringe schneiden, Speck in der Pfanne auslassen. 2 Eier verquirlen. Geraspeltes Gemüse gut ausdrücken, mit Speck, verquirltem Ei, Lauch und den gehackten Kräutern vermengen, mit Salz, Pfeffer und Muskatnuss würzen.

- Butterschmalz in einer Pfanne erhitzen, eine Portion von der Gemüsemasse in der Pfanne zu einem »Kuchen« formen (etwa 2 cm hoch) und leicht andrücken, ca. 10 Minuten bei mittlerer Hitze braten. Den Dibbelabbes wenden oder zerzupfen und einige Minuten weiterbraten, bis er rundrum braun ist, ggf. im Ofen warm halten und die restliche Masse verarbeiten.

- Mit von beiden Seiten gebratenen Spiegeleiern servieren. Leicht gesalzenen Sauerrahm dazureichen.

Variante Statt Spiegelei eignet sich auch Rührei.

Tipp Um den Dibbelabbes zu wenden, einen Teller auflegen, Pfanne mit einem Schwung umdrehen und wieder hineingleiten lassen.

Allergene Sellerie, Ei, Milcherzeugnis

Luftig süße Kartoffel-Quark-Puffer

Quarkkeulchen

ganzjährig/vegetarisch

Für 10 Personen • 1½ Std.

600 g mehligkochenden Kartoffeln • 300 g Magerquark • 4 Eier (getrennt) • 120 g Mehl • 2 Prisen Salz • 160 g Zucker • 2 Tütchen Vanillezucker • ggf. eine Handvoll Rosinen • Butterschmalz oder Rapsöl zum Braten • Puderzucker zum Bestäuben

- Kartoffeln schälen, weich kochen und auskühlen lassen. Anschließend durch eine Presse drücken (oder reiben), mit Quark, Eigelben und Mehl gut vermischen. Eiklar fast steif schlagen, Salz, Zucker und Vanillezucker zufügen. Eischnee mit dem Schneebesen vorsichtig unter den Kartoffelteig ziehen. Wer mag, mischt Rosinen dazu.

- Butterschmalz oder Rapsöl in einer Pfanne erhitzen, eine kleine Teigmenge (2–3 EL), hineingeben und die Keulchen wie Puffer von jeder Seite goldbraun backen. Zum Servieren mit Puderzucker bestäuben.

Das passt dazu Obstkompott oder Apfelmus

Allergene Gluten, Milcherzeugnis, Ei, Schwefeldioxid (falls Rosinen geschwefelt)

So schmecken sie am besten!

Wedges & Bratkartoffeln

ganzjährig/vegetarisch

Für 10 Kinderportionen • 50 Min. + 35 Min.

1,5 – 2 kg vorwiegend festkochende Kartoffeln • Rapsöl • gehackte Kräuter (z. B. Rosmarin, Thymian) oder edelsüßes Paprikapulver • Salz • Pfeffer

- Für die Wedges Backofen auf 200 °C vorheizen, gewaschene Kartoffeln ggf. schälen, anschließend in Spalten schneiden und in einer Schüssel mit etwas Öl marinieren. In 35 – 45 Minuten goldbraun backen, zwischendurch etwas bewegen, erst in den letzten 15 Minuten mit Kräutern bzw. Paprikapulver bestreuen. Ganz zum Schluss salzen und pfeffern.

- Für die Bratkartoffeln: Geschälte Kartoffeln ca. 15 Minuten dämpfen (nicht ganz durchgaren), etwas auskühlen lassen. Öl oder Butterschmalz in der Pfanne auslassen, Kartoffeln in Scheiben oder Würfel schneiden und bei mittlerer Hitze bräunen, dabei so wenig wie möglich bewegen. Kräuter, Salz und Gewürze erst kurz vor Ende der Garzeit dazugeben.

Süße Leckerei mit wertvollen Nährstoffen

Schupfnudelspieße mit Apfelkompott und Nüssen

Herbst/vegetarisch

Für 10 Kinderportionen • 50 Min.

4 EL Zucker • 10 EL Wasser • 300 g gemischte Nüsse • 1 TL Zimt • 8 säuerliche Äpfel • 2 EL Zucker • 4 EL Honig • 500 ml Apfelsaft • 2 Zitronen (Saft, Abrieb) • 750 g Schupfnudeln (Fertigprodukt) • 50 g Butter • 6 EL Zucker • 10 Kunststoff- oder Metallspieße

- 4 EL Zucker in Wasser in einer beschichteten Pfanne auflösen, Nüsse dazugeben und vorsichtig karamellisieren, bis das Wasser verdampft ist. Mit Zimt bestreuen, auskühlen lassen.

- Äpfel schälen, entkernen und in grobe Stücke schneiden. 2 EL Zucker und Honig in einem Topf erhitzen, mit Apfelsaft ablöschen. Äpfel, Zitronensaft und etwas Schalenabrieb zufügen und einkochen (die Äpfel sollten noch Biss haben).

- Schupfnudeln in ausgelassener Butter und 6 EL Zucker goldbraun braten. Etwas auskühlen lassen, dann im Wechsel mit den Apfelstücken auf die Spieße stecken. Restliches Kompott noch etwas weiter einkochen und in einem extra Schälchen zusammen mit den Spießen und den kandierten Nüssen servieren.

Variante Fügen Sie dem Kompott noch Rosinen oder Cranberries zu.

Allergene Nüsse, Schupfnudeln auf Allergene prüfen

Rösti

Ganz einfach

Rösti

ganzjährig

Für 10 Kinderportionen • 1 Std.

2 kg vorwiegend festkochende Kartoffeln • Salz • Butterschmalz zum Braten

- Kartoffeln nicht ganz weich dämpfen, anschließend erkalten lassen. Kartoffeln (mit oder ohne Schale) grob raspeln und mit 2 TL Salz vermischen.

- Butterschmalz in einer flachen, beschichteten Pfanne erhitzen, je 3–4 EL Kartoffelraspel hineingeben, andrücken und Hitze reduzieren. Nach ca. 6–8 Minuten Rösti auf einen Teller gleiten lassen und umgekehrt wieder in die Pfanne geben. Weitere 6 Minuten braten. Anschließend im Ofen bei 80 °C warm halten.

Variante Für eine bessere Bindung beim Braten 1–2 EL Kartoffelstärke zur Kartoffelmasse geben. Dem Kochwasser kann etwas Kümmel zugefügt werden.

Tipp Zwei Pfannen gleichzeitig verwenden.

Immer in den Top Ten

Möhren-Kartoffel-Stampf

ganzjährig

Für 10 Kinderportionen • 40 Min.

800 g Möhren • 1,2 kg mehligkochende Kartoffeln • 4 kleine säuerliche Bio-Äpfel (z. B. Cox Orange, Elstar, Boskop) • 300 ml Milch • 4 EL Zitronensaft • Salz • Pfeffer • etwas Muskatnuss

- Möhren, Kartoffeln und entkernte Äpfel schälen, würfeln und in Wasser ca. 20 Minuten garen oder dämpfen, zuerst die Kartoffeln und Möhren, nach 10 Minuten Äpfel zufügen. Anschließend alles gut ausdämpfen lassen.

- Inzwischen Milch leicht erhitzen, zum Gemüse und den Äpfeln geben und mit einem Kartoffelstampfer zerdrücken. Mit etwas Zitronensaft, Salz, Pfeffer und Muskatnuss abschmecken.

Variante Einen Teil der Apfelstücke gesondert in Butter anbraten und später über dem Stampf verteilen.

Allergene Milcherzeugnis

Zwei, die sich mögen

Kartoffel-Sellerie-Püree

ganzjährig/vegetarisch

Für 10 Kinderportionen • 35 Min.

2 kg mehligkochende Kartoffeln • 400 g Knollensellerie • 4 EL Sauerrahm • ca. 500 ml Milch • 4 EL Butter oder Rapsöl • Salz • etwas Muskatnuss

- Kartoffeln und Sellerie würfeln, dämpfen dünsten oder in Wasser ca. 20 Minuten garen, anschließend in einer großen Schüssel gut ausdämpfen lassen. Grob stampfen und saure Sahne zufügen.

- Milch bis kurz vor dem Siedepunkt erwärmen. Butter in Flocken oder Rapsöl zum Kartoffel-Sellerie Stampf geben, dann nach und nach Milch zufügen und mit dem Schneebesen oder Handrührgerät bis zur gewünschten Konsistenz glatt rühren (keinesfalls pürieren oder mixen). Mit Salz und Muskatnuss abschmecken.

Variante Bei Kartoffelpüree ohne Sellerie die Milchmenge etwas reduzieren oder die Kartoffelmenge entsprechend erhöhen.

Allergene Sellerie, Milcherzeugnis

Mit oder ohne Karo-Decke

Beim Wort Picknick denkt jeder sofort an grüne Wiesen und Decken mit viel Platz für alle Leckereien. Aber ein Picknick geht eigentlich immer und überall, Hauptsache, man muss nicht still am Tisch sitzen und der Picknickkorb ist ordentlich gefüllt.

Hawaiitoast 2.0

Schinken-Käse-Wraps mit Ananas

Sommer

Für 10 Wraps • 15 Min.

1 Eisbergsalat • 1–2 EL Zitronensaft • 3–4 EL Rapsöl • 1 gestückelte Ananas (frisch oder Dose) • 10 dünne Fladen für Wraps • 250 g Frischkäse • 250 g gekochter Schinken, dünn geschnitten • 150 g geriebener Gouda

- Gewaschenen Eisbergsalat in sehr feine Streifen schneiden, mit Zitronensaft und Öl marinieren und mit den Ananasstückchen mischen.

- Wrap-Fladen mit Frischkäse bestreichen, abwechselnd mit Schinken, Salat und Käse belegen und aufrollen.

Variante Statt Schinken kann fein aufgeschnittene, gegarte Hühnerbrust verwendet werden.

Allergene Gluten, Milcherzeugnis

Star auf jeder Party

Nudelsalat klassisch

ganzjährig

Für 10 Kinderportionen • 35 Min. + Zeit zum Ziehen

1 kg kurze Pasta (z. B. Gobetti) • 500 g feine Fleischwurst • 1 große Salatgurke • 200 g Gewürzgurken • 1 große Dose Erbsen • 500 g Joghurt-Salatcreme (Fertigprodukt oder Mayonnaise (S. 162)) • Salz • Pfeffer

- Die Nudeln in reichlich Salzwasser bissfest garen, anschließend abschrecken.

- Fleischwurst längs in 1 cm dicke Streifen schneiden, die Streifen würfeln. Genauso mit der geschälten Salatgurke verfahren, die Gewürzgurken längs vierteln, dann ebenfalls würfeln.

- Nudeln, Fleischwurst, Gurken, Erbsen und Salatcreme und gut miteinander vermengen, mit Salz und Pfeffer abschmecken und mindestens 1 Stunde ziehen lassen.

Allergene Gluten, Zutatenliste für Fleischwurst, Salatcreme prüfen, Senf (evtl. Senfkörner in Gurkensud)

Idealer Nährstoffmix

Wraps mit Putenbrust, Rotkohl und Bohnenmus

ganzjährig

Für 10 Wraps • 35 Min.

1 kleiner Rotkohl • 4 – 5 EL Raps- oder Walnussöl • 2 TL Zucker • 2 Bio-Limetten (Saft, Abrieb) • Salz • Pfeffer • 800 g Dicke Bohnen (Dose) • 250 ml Sauerrahm • 5 EL Walnusskerne, geröstet • 250 g Putenbrustfilet • 1 – 2 EL Speisestärke • Rapsöl zum Braten • 10 dünne Fladen für Wraps • Kräuter nach Wahl (z. B. Petersilie, Minze, Blutampfer)

- Rotkohl in feine Streifen hobeln und mit heißem Wasser überbrühen. 4 – 5 EL Rapsöl, 1 TL Zucker und Saft von 1 Zitrone verrühren, mit Salz und Pfeffer abschmecken und mit dem Rotkohl vermischen, etwas ziehen lassen.

- Inzwischen die Dicken Bohnen abgießen, mit der Gabel zerdrücken und mit Sauerrahm zu einem Mus verrühren, ebenfalls mit Salz und Pfeffer abschmecken.

- In einer Pfanne grob gehackte Walnusskerne ohne Fett anrösten, beiseitestellen. Putenbrustfilets in dünne Scheiben schneiden, salzen, pfeffern und mit etwas Speisestärke bepudern. In heißem Rapsöl ausbraten, kurz vor Ende der Bratzeit 1 TL Zitronenabrieb mit in die Pfanne geben und nochmals durchschwenken.

- Wrap-Fladen mit dem Bohnenmus bestreichen, Rotkrautsalat und frische Kräuter verteilen, dann die Putenbruststreifen und geröstete Walnüsse obenauflegen und zu Wraps zusammenrollen.

Variante Statt Rotkrautsalat eignet sich auch Weißkohl- oder Spitzkohlsalat.

Allergene Gluten, Milcherzeugnis, Nüsse

Kerniger Snack

Müsliriegel

ganzjährig/vegetarisch

Für 10 – 12 Riegel • 45 Min.

40 g Sesamsamen • 200 g Butter • 150 g Honig • 15 g Rohrzucker • 150 g gemischtes Trockenobst, fein gehackt • 50 g Mandeln oder Haselnüsse • 300 g kernige Haferflocken • 60 g gepuffter Amaranth

- Ofen auf 160 °C vorheizen.

- Sesamsamen in einer Pfanne ohne Fett leicht anrösten.

- Butter in einem großen Topf schmelzen. Sobald sie brutzelt, alle anderen Zutaten zufügen und gut miteinander vermengen. Masse in eine mit Backpapier ausgekleidete Reine oder rechteckige Backform füllen, gut andrücken und glatt streichen. 10 Minuten backen, anschließend abkühlen lassen, aus der Form stürzen und mit einem scharfen Messer in Müsliriegel schneiden.

Variante Anstatt Mandeln oder Haselnüssen können auch andere Nüsse verwendet werden.

Allergene Gluten, Nüsse, Milcherzeugnis, Sesam, Schwefeldioxid (falls Trockenobst geschwefelt)

Kräftige Aromen

Graupen-Lauch-Risotto mit Speck

Winter

Für 10 Kinderportionen • 35 Min.

2 l Gemüse- oder Hühnerbrühe • 4 EL Rapsöl • 2 EL Butter • 300 g durchwachsener, gewürfelter Räucherspeck • 3 Stangen in Ringe geschnittener Lauch • 900 g Perlgraupen • 4 Stängel gezupfte und gehackte Petersilie • 8 EL geriebener Parmesan • Salz • Pfeffer • Parmesanspäne zum Servieren

- Brühe erhitzen und auf kleiner Flamme warm halten.

- In einem Topf Butter und Rapsöl erhitzen und Speck kross darin ausbraten, Lauch zufügen, 2 Minuten anschwitzen. Perlgraupen zufügen, gut umrühren und mit heißer Brühe aufgießen, bis die Graupen mit der Flüssigkeit bedeckt sind. Graupen immer wieder umrühren und Brühe zufügen, sobald sie aufgesogen ist. Diesen Vorgang wiederholen, bis die Graupen cremig und bissfest sind.

- Kurz vor Ende der Garzeit Petersilie und geriebenen Parmesan zufügen und nochmals umrühren. Mit Salz und Pfeffer abschmecken, mit gehobeltem Parmesan servieren.

Hinweis Graupen sind die Körner der Gerste. Sie sind leicht verdaulich, reich an Kohlenhydraten und fettarm.

Variante Anstatt Graupen kann auch Risotto-Reis verwendet werden.

Allergene Gluten, Milcherzeugnis, Brühe auf Allergene prüfen

Lecker gefüllt

Wirsingbeutel

Herbst/Winter/vegetarisch

Für 10 Kinderportionen • 1¼ Std.

10 Wirsingblätter • 600 g Bulgur oder Couscous • ca. 1,5 l Gemüsebrühe • 40 g Butter • 2 Hokkaidokürbisse • etwas Rapsöl • 80 g Kürbiskerne • 200 ml Rapsöl • 60 g geriebener Parmesan • Salz • Pfeffer • 2 Eier • 100 ml Gemüsebrühe • 4 EL Crème fraîche • 2 EL gehackte Petersilie

- Wirsingblätter 5 Minuten dämpfen, anschließend mit einem Nudelholz flach walzen.

- Bulgur in Gemüsebrühe garen, Butter zum Schmelzen bringen und leicht braun werden lassen, mit dem gegarten Bulgur vermischen, beiseitestellen. Kürbiskerne kurz in einer Pfanne ohne Fett anrösten. Kürbisfleisch würfeln, in etwas Rapsöl weich dünsten, leicht abkühlen lassen.

- 500 g vom Kürbisfleisch mit den Kürbiskernen und 200 ml Rapsöl mit dem Mixstab grob pürieren, Käse untermischen, mit Salz und Pfeffer abschmecken.

- 12 EL von diesem Kürbispesto mit der Bulgurmasse und 2 verquirlten Eiern vermischen, jeweils 2 – 3 EL der Füllmasse auf die Wirsingblätter verteilen, Beutel formen und oben mit Küchengarn verknoten. Die Beutel 10 Minuten dämpfen. Restliches Kürbisfleisch nochmals erhitzen, Gemüsebrühe angießen und mit Crème fraîche und Petersilie verfeinern, mit Salz und Pfeffer abschmecken. Kürbisgemüse auf die Teller verteilen und die Wirsingbeutel darauf platzieren.

Allergene Gluten, Ei, Milcherzeugnis, Zutatenliste für Brühe auf Allergene prüfen

Wirsingbeutel

Curry-Quinoa-Wraps

Alles-drin-Wraps

Curry-Quinoa-Wraps

Sommer/vegetarisch
Für 10 Wraps • 30 Min.

1 l Gemüsebrühe • 2 EL Rapsöl • 1 EL Currypulver • 200 ml Orangensaft • 400 g Quinoa • 300 g junge Erbsen (TK) • 2 Handvoll Cashewkerne • 2 fein geschnittene Frühlingszwiebeln • 2 klein geschnittene Orangen • 4 EL Ahornsirup • Salz • Pfeffer • 4 Avocados • 4 EL Zitronensaft • 4 EL Orangensaft • 1 geraspelte Möhre • 2 EL Tahin (Sesampaste) • 10 dünne Fladen für Wraps • 1 Salatkopf (in Streifen)

- Brühe, 2 EL Rapsöl, Currypulver und 200 ml Orangensaft erhitzen, die gewaschene Quinoa darin garen.
- Heiße Quinoa mit Erbsen, Cashewkernen, Frühlingszwiebeln, Orangenstücken und Ahornsirup mischen, etwas ziehen lassen, mit Salz und Pfeffer abschmecken.
- Avocado auslösen und mit den restlichen Zutaten (außer Salat) verrühren. Quinoa-Masse, Avocado-Masse und Salatstreifen auf die Fladen verteilen und zusammenrollen.

Allergene Gluten, Milcherzeugnis, Sesam, Nüsse, Zutatenliste für Brühe auf Allergene prüfen.

Eiweiß- und vitaminreich

Quinoasalat mit Avocado

Sommer
Für 10 Kinderportionen • 20 Min. + Auskühlzeit

300 g Quinoa • 4 Zitronen (Saft, Abrieb) • 800 ml Wasser • 6 EL Rapsöl • 2 TL Zucker • 15 Kirschtomaten • 2 Avocados • 3 Frühlingszwiebeln • 5 Stängel Koriandergrün/Petersilie • Salz • Pfeffer • 2 – 3 EL Kürbiskerne

- Quinoa gut waschen. In einem Mix aus 100 ml Zitronensaft, 800 ml Wasser und etwas Schalenabrieb garen, anschließend auskühlen lassen.
- Zwischenzeitlich das Rapsöl, den Zucker und 2 – 3 EL Zitronensaft mischen, Quinoa zufügen und vermengen. Tomaten halbieren, Avocados auslösen und würfeln, mit der Quinoa, den fein geschnittenen Frühlingszwiebeln und Kräutern mischen. Den Salat mit Salz und Pfeffer abschmecken und mit Kürbiskernen bestreuen.

Variante Statt Quinoa kann auch Bulgur verwendet werden.

Tipp Koriander kann mit den Stängeln gehackt werden, von der Petersilie nur die Blätter verwenden.

Allergene Bei Bulgur: Gluten

Alternative zu Kartoffelbrei

Cremige Polenta

ganzjährig/vegetarisch
Für 10 Kinderportionen • 20 Min.

1 l Wasser • 2 l Milch • 1 Lorbeerblatt • Salz • Pfeffer • 350 g Polenta (Maisgrieß) • 5 EL Butter • 8 EL geriebener Parmesan

- Wasser, Milch, Lorbeerblatt, etwas Salz und Pfeffer in einem großen Topf aufkochen, Polenta einrieseln lassen, dabei ständig rühren und 1 Minute aufkochen.
- Bei geschlossenem Deckel und sehr kleiner Hitze ca. 15 Minuten quellen lassen. Lorbeerblatt entfernen, Butter und Parmesan untermischen und mit Salz abschmecken.

Das passt dazu gebratene Pilze oder Ragoutgerichte

Variante Für den Frischekick etwas geriebene Zitronenschale zufügen.

Allergene Milcherzeugnis

FLEISCH

Leckere Panade aus Kokosflocken

Kleine Kokosschnitzel mit Asia-Dip

Sommer/laktosefrei

Für 10 Personen • 30 Min.

6 EL Mehl • 2 Eier • 10 EL Kokosraspel • Rapsöl zum Braten • 1 kg Schweinefleisch (für Schnitzel) • Salz • Pfeffer • 150 ml helle Sojasauce • 3 EL Honig • 1 gepresste Knoblauchzehe • 6 EL süßsaure Asia Sauce • 4 EL sehr klein gewürfelte Salatgurke • 2 EL sehr klein gewürfelte Radieschen • 2 fein gehackte Frühlingszwiebeln

- Je ein Schälchen mit Mehl, verschlagenem Ei und Kokosraspeln vorbereiten. Rapsöl in der Pfanne erhitzen.

- Das Schweinefleisch in »Nuggetgröße« schneiden, salzen und pfeffern. Die Nuggets erst in Mehl, dann in Ei und in Kokosraspeln wälzen und von beiden Seiten je 3 – 4 Minuten knusprig braten.

- Für den Dip die restlichen Zutaten zusammenfügen und alles gut verrühren. Mit den Nuggets servieren.

Variante Dazu Möhren, Staudensellerie, Salatgurke als Rohkoststicks oder Vollkorntoast. Statt Schweinefleisch kann auch Hühnerfleisch verwendet werden.

Allergene Ei, Gluten, Soja, Sellerie, Zutatenliste für Chilisauce auf Allergene prüfen.

Muschelnudeln mit Hähnchen

Raffiniert gefüllt

Muschelnudeln mit Hähnchen

Sommer

Für 10 Kinderportionen • 50 Min.

750 g große Muschelnudeln • 600 g Hähnchenbrustfilet • 5 Stängel Zitronenthymian • 40 g Butter • 4 EL Rapsöl • Salz • Pfeffer • 2 fein gewürfelte Möhren • 200 g fein gewürfelter Knollensellerie • 2 TL Zucker • 500 ml Gemüsebrühe • 2 fein gewürfelte Nektarinen • 2 fein gewürfelte Mozzarellakugeln • 200 g geriebener Gouda

- Muschelnudeln in Salzwasser bissfest garen. Um ein Verkleben zu vermeiden, mit etwas Öl beträufeln.

- Hähnchenbrustfilet mit den Thymianzweigen in Butter und Rapsöl bei mittlerer Hitze durchgaren, anschließend aus der Pfanne nehmen, leicht salzen und pfeffern. Im selben Fett die gewürfelte Möhre und den Sellerie mit Zucker 6–8 Minuten anrösten, mit Brühe angießen und 5 Minuten einkochen, anschließend leicht abkühlen lassen.

- Hühnerbrust mit den Fingern klein rupfen (oder in Würfelchen schneiden), zusammen mit den klein geschnittenen Nektarinen zum Gemüse geben, alles durchschwenken und zum Schluss die Mozzarellawürfel untermischen. Ofen auf 200 °C vorheizen. Die Muschelnudeln mit der vorbereiteten Masse füllen und auf ein mit Backpapier ausgelegtes Backblech legen, mit geriebenem Gouda bestreuen und 15 Minuten überbacken.

Variante Für die vegetarische Variante kann man anstatt Hühnerfleisch auch gekochte, mit Salz, Pfeffer und Petersilie gewürzte Linsen verwenden.

Allergene Gluten, Sellerie, Milcherzeugnis, Zutatenliste für Brühe auf Allergene prüfen.

So wird sie perfekt!

Lasagne klassisch

ganzjährig

Für 10 Kinderportionen • 1½ Std.

2 geriebene Möhren • 80 g geriebener Knollensellerie • 2 gewürfelte Zwiebeln • 4 gepresste Knoblauchzehen • 8 EL Olivenöl • 4 TL Zucker • 750 kg Rinderhackfleisch (möglichst grob gewolft) • 2 Dosen stückige Tomaten (je 400 g) • 800 ml kräftige Fleischbrühe • 2 Stängel Oregano • 2 Stängel Zitronenthymian • 3–4 Stängel Basilikum • 200 g Butter • 100 g Mehl • 1 l Milch • 100 g geriebener Parmesan • Salz • Pfeffer • 500 g Lasagneplatten • 300 g geriebener Mozzarella

- In einem großen Topf Möhren, Sellerie, Zwiebeln und Knoblauch in 8 EL Öl und 4 TL Zucker anschwitzen, Hackfleisch dazugeben und 5 Minuten anbraten. Tomaten zufügen, mit Brühe aufgießen und mind. 20 Minuten offen einkochen, gelegentlich umrühren. Erst zum Schluss die fein gehackten Kräuter zufügen.

- Für die Béchamelsauce die Butter schmelzen, Mehl einrieseln lassen und mit dem Schneebesen nach und nach Milch dazugeben. Kurz aufkochen, dann geriebenen Parmesan einstreuen, nochmals umrühren und mit Salz und Pfeffer abschmecken.

- Ofen auf 180 °C vorheizen. Den Boden einer feuerfesten Backform dünn mit etwas Béchamelsauce bedecken. Abwechselnd Lasagneplatten, Bolognese- und Béchamelsauce einschichten. Mit Lasagneplatten und Béchamelsauce abschließen, mit Mozzarella bestreuen und ca. 45 Minuten backen.

Allergene Gluten, Sellerie, Milcherzeugnis, Zutatenliste Brühe auf Allergene prüfen.

Aloah Hawaii

Schinken-Quinoa-Röllchen mit Ananas

Sommer

Für 10 Kinderportionen • 45 Min.

400 g Quinoa • 1 l Gemüsebrühe • 2 Orangen (Saft) • 1 gewürfelte Ananas • 10 große Scheiben gekochter Schinken • Butter für die Form • 300 g Crème fraîche • 250 g Frischkäse • 200 ml Brühe • Salz • Pfeffer • 200 g geriebener Gouda • 1 Stängel frische Minze oder Petersilie

● Quinoa gut waschen. Gemüsebrühe mit dem Orangensaft erhitzen und die Quinoa nach Packungsangabe darin garen (Flüssigkeitsmenge beachten).

● Ofen auf 180 °C vorheizen.

● Gegarte Quinoa und Ananasstückchen mischen, auf die Schinkenscheiben verteilen und aufrollen. Eng nebeneinander in eine gebutterte Form geben. Crème fraîche, Frischkäse sowie 200 ml Brühe glatt rühren, salzen und pfeffern. Guss über die Schinkenröllchen geben, mit geriebenem Käse bestreuen und ca. 20 Minuten backen. Mit fein gehackter Minze oder Petersilie bestreuen.

Das passt dazu Rohkoststicks

Variante Anstatt Quinoa kann auch Reis oder Bulgur verwendet werden.

Allergene Milcherzeugnis, Zutatenliste der Brühe prüfen.

Einfach in der Springform

Makkaroni-Torte

ganzjährig/vegetarisch

Für 10 Kinderportionen/2 Springformen • 1¼ Std.

500 g Makkaroni • 2 gewürfelte Zwiebeln • 400 g Champignons • 40 g Butter • 100 g Babyspinat • 250 g gekochter Schinken • 10 Eier • 500 ml Sahne • 200 g geriebener Parmesan • 4 TL Salz • 1 TL edelsüßes Paprikapulver • 4 EL Semmelbrösel • einige Butterflocken

● Makkaroni bissfest kochen, kalt abschrecken und beiseitestellen.

● Zwiebeln und die in grobe Scheiben geschnittenen Pilze 5 Minuten in Butter anbraten, kurz vor Schluss Babyspinat zufügen, alles durchschwenken.

● Ofen auf 180 °C vorheizen.

● Springformen mit Butter einfetten, gekochte Makkaroni ca. 5 cm hoch kreisförmig einschichten. Schinken etwas zerrupfen und mit dem Spinat und den Pilzen auf den Makkaroni verteilen, zum Rand hin etwas Platz lassen. Restliche Makkaroni aufschichten. Eier, Sahne, Parmesan, Salz und Paprikapulver verquirlen und über die Torte gießen. Insgesamt 45 Minuten backen, 10 Minuten vor Schluss die Torte aus dem Ofen nehmen, 2 EL Semmelbrösel und Butterflocken darauf verteilen und fertig backen.

Für kleine Helfer Evtl. Makkaroni einschichten, Schinken zerrupfen.

Variante Schmeckt auch mit Linsen, Zucchini und Räucherspeck.

Allergene Gluten, Ei, Milcherzeugnis

Makkaroni-Torte

Reis mal anders

Minutenschnitzel mit Sauerrahm-Vollkornreis

ganzjährig

Für 10 Kinderportionen • 45 Min.

500 g Vollkornreis • 1 l leichte Gemüsebrühe • 3 kleine gewürfelte Zwiebeln • 1 Bund Petersilie • 5 EL Rapsöl • 300 g geriebener Gouda • 300 g Mais (Dose) • 500 ml Sauerrahm • 20 kleine Minutenschnitzel vom Schwein • Salz • Pfeffer • 5 EL Maismehl (oder normales Mehl) • Rapsöl zum Braten • 2 Limetten

- Ofen auf 200 °C vorheizen.

- Den Reis laut Packungsangabe in leichter Gemüsebrühe garen, abgießen und gut abtropfen lassen.

- Zwiebeln und gehackte Petersilie in 5 EL Rapsöl anschwitzen, unter den gegarten Reis mischen, dann geriebenen Gouda, Mais und Sauerrahm zufügen und gut durchmengt in eine gefettete Auflaufform füllen. Den restlichen Käse darüberstreuen und 20 Minuten überbacken.

- Inzwischen die Minutenschnitzel waschen und trocken tupfen, leicht salzen und pfeffern und in Maismehl wenden. Von beiden Seiten 2 – 3 Minuten in Rapsöl braten, zum Schluss mit Limettensaft besprenkeln. Mit dem Sauerrahm-Reis servieren.

Das passt dazu grüner Salat

Variante Statt Schweinefleisch eignet sich auch Hühnerbrustfilet oder Fisch.

Allergene Gluten, Milcherzeugnis, Zutatenliste für Brühe auf Allergene prüfen.

Gurken als Gemüse

Schmorgurken

ganzjährig

Für 10 Kinderportionen • 45 Min.

5 ungebrühte feine Bratwürste oder entsprechende Menge Fleischkäse • 2 kg Salatgurke • 400 g Champignons • 2 TL Butter • 2 Zwiebel • 2 Prisen Zucker • 200 g Kirschtomaten • 750 ml Gemüsebrühe • 200 g Sahne • 2 EL Mehl • Salz • Pfeffer • 2 Bund Dill

- 1 Liter Wasser zum Kochen bringen, die Bratwürste ausdrücken bzw. Fleischkäsemasse zu Klößchen formen und 10 Minuten im Wasser gar ziehen lassen.

- Gurken schälen, halbieren und entkernen, danach in grobe Scheiben schneiden. Geviertelte Champignons in brutzelnder Butter zusammen mit den klein geschnittenen Zwiebeln und der Prise Zucker 2 – 3 Minuten anschwitzen. Gurkenscheiben zufügen und mit Gemüsebrühe ablöschen, 10 Minuten garen, dann Kirschtomaten und Fleischklößchen dazugeben und weitere 5 Minuten köcheln lassen.

- Kurz vor Ende der Garzeit die Sahne zufügen und zum Andicken ca. 1 EL Mehl mit einem Sieb einstreuen und verrühren. Mit Salz, Pfeffer und reichlich frischem Dill abschmecken.

Das passt dazu Reis oder kurze Nudeln

Allergene Milcherzeugnis, Gluten, Zutatenlisten für Bratwurst, Fleischkäse und Brühe auf Allergene prüfen.

Fein würziges Geflügelgericht

Balsamico-Hühnchen mit Butternudeln

ganzjährig
Für 10 Kinderportionen • 35 Min.

750 g breite Nudeln • 300 ml Balsamicoessig • 6 TL Zucker • 5 mittelgroße rote Zwiebeln • Rapsöl zum Braten • 4 Hühnerbrustfilets • Salz • Pfeffer • 400 ml Sahne • 40 g Butter • frische Kräuter, fein gehackt (z. B. Petersilie, Rosmarin, Thymian, Salbei)

- Nudeln in reichlich Salzwasser bissfest garen.

- Balsamicoessig mit Zucker ca. 10 Minuten einkochen, bis er leicht eindickt. Rote Zwiebeln achteln, in Rapsöl 5 Minuten bräunen. Hühnerbrust in Streifen schneiden, in Rapsöl anbraten, salzen und pfeffern, dann die roten Zwiebeln zufügen.

- Balsamico nochmals erhitzen, mit Sahne aufgießen, kurz aufkochen, Hühnerbrust und Zwiebeln zufügen, mit Salz und Pfeffer abschmecken.

- Butter zu den gegarten Nudeln geben und schmelzen lassen, zusammen mit dem Balsamico-Hühnchen servieren, ggf. mit Kräutern bestreuen.

Variante Die Sahne kann zur Hälfte durch Milch ersetzt werden.

Allergene Gluten, Milcherzeugnis

Fruchtige Marinade

Barbecue-Hähnchenschenkel

ganzjährig/laktosefrei
Für 10 Kinderportionen • 1 Std. 10 Min.

2 EL Rapsöl • 250 g dreifach konzentriertes Tomatenmark • 1 reife Mango • 2 Dosen gestückelte Tomaten (je 400 g) • 2 EL edelsüßes Paprikapulver • 2 TL Currypulver • 4 EL Zucker • 500 ml Gemüsebrühe • 4 EL Balsamicoessig • Salz • 20 Hähnchenkeulen • Limetten

- Ofen auf 180 °C vorheizen.

- 2 EL Rapsöl erhitzen, mit dem Schneebesen das Tomatenmark einrühren und kurz anrösten. Gewürfelte Mango, Tomatenstücke, Paprikapulver, Curry und Zucker zufügen, mit Gemüsebrühe aufgießen und 5 Minuten köcheln lassen. 4 EL Balsamico und 2 TL Salz zufügen, nochmals etwas einkochen lassen, dann mit dem Pürierstab fein pürieren.

- Hähnchenkeulen waschen, trocken tupfen und mit dem Messer einschneiden, anschließend mit reichlich Sauce von allen Seiten bestreichen. Hähnchenkeulen ca. 45 Minuten backen, zwischendurch immer wieder mit Sauce bestreichen und aufpassen, dass sie nicht zu dunkel werden (dann mit Alufolie abdecken). Vor dem Servieren mit etwas Limettensaft besprenkeln.

Das passt dazu Salat und in Olivenöl geröstetes Vollkornbaguette

Allergene Zutatenliste für Brühe auf Allergene prüfen.

Curry-Ananas-Geschnetzeltes

Gruß aus der Karibik

Curry-Ananas-Geschnetzeltes

ganzjährig
Für 10 Kinderportionen • 20 Min.

6 EL Mehl • 4 TL Currypulver • Salz • 1 kg Putenbrustfilet • 4 EL Rapsöl • 20 g Butter • 400 ml Milch • 200 ml Kokosmilch • ½ gestückelte Ananas (auch aus der Dose) • 2 Bananen • 4 Stängel Petersilie

- Mehl, 2 TL Currypulver und 2 TL Salz mischen. Putenbrustfilet in Streifen schneiden. Rapsöl und Butter in einer großen Pfanne erhitzen, das Fleisch im Mehl-Gemisch wälzen und anbraten.

- Nach ca. 5 Minuten Milch, Kokosmilch und ggf. etwas vom Ananassaft dazugießen. Ananasstücke ebenfalls zufügen und mit Salz und dem restlichem Currypulver abschmecken.

- Banane in feine Scheiben schneiden und kurz vor dem Servieren mit der Petersilie untermischen.

Das passt dazu Vollkornreis oder -nudeln und Salat

Variante Hähnchenbrust- oder Schweinefilet statt Putenbrustfilet

Allergene Gluten, Milcherzeugnis

Blitzschnell fertig

Erdnuss-Hähnchen

ganzjährig
Für 10 Kinderportionen • 30 Min.

2 Gemüsezwiebeln • 800 g Hähnchenbrustfilet • 4 EL Rapsöl • Salz • Pfeffer • 800 ml Kokosmilch • 8 EL helle Sojasauce • 5 EL Erdnussbutter • 4 EL geröstete und gesalzene Erdnüsse • frischer Schnittlauch

- Gemüsezwiebeln in Ringe schneiden. Fleisch in mundgerechte Stücke schneiden, in Rapsöl anbraten und Zwiebelringe zufügen. Mit Salz und Pfeffer würzen. Mit Kokosmilch und Sojasauce angießen und kurz aufkochen.

- Schließlich die Erdnussbutter einrühren und weitere 4 Minuten köcheln lassen, nochmals mit Salz und Pfeffer, ggf. mit Sojasauce abschmecken. Mit gehackten Erdnüssen und Schnittlauchröllchen bestreuen.

Das passt dazu Basmatireis und grüner Salat

Variante Statt Hühnerbrustfilet eignet sich auch Putenbrustfilet.

Allergene Erdnuss, Soja, Zutatenliste für Brühe auf Allergene prüfen.

Wunderbar sommerlich

Gerupftes Huhn mit Mozzarella

Sommer
Für 10 Kinderportionen • 30 Min.

750 g Hühnerbrustfilet • etwas Zucker • Salz • Pfeffer • 5 Stängel Zitronenthymian • Olivenöl zum Braten und Beträufeln • 6 Nektarinen • 4 Mozzarellakugeln • 5 EL Balsamicoessig • 4 Stängel Basilikum

- Hühnerbrustfilets mit etwas Zucker bestreuen, salzen und pfeffern und mit den Thymianzweigen in Olivenöl bei mittlerer Hitze langsam durchgaren. Anschließend aus der Pfanne nehmen und abgedeckt etwas auskühlen lassen.

- Inzwischen die Nektarinen entsteinen und achteln. Mozzarallakugeln in kleine Stücke zerrupfen. Nun die Hühnerbrustfilets ebenfalls in mundgerechte Stücke zerrupfen und auf Teller verteilen, Nektarinen- und Mozzarellastücke darüber geben und mit etwas Balsamicoessig und Olivenöl beträufeln. Zum Schluss nach Belieben mit gehacktem Basilikum bestreuen.

Allergene Milcherzeugnis

FISCH

Feinwürziges Fischgericht

Fischmedaillons in Paprikarahm

ganzjährig

Für 10 Kinderportionen • ⏲ 40 Min.

4 rote Spitzpaprika • 6 gewürfelte Tomaten • 3 klein geschnittene Frühlingszwiebeln • 1 – 2 gepresste Knoblauchzehen • 2 TL Zucker • 5 EL Rapsöl • 250 ml Gemüsebrühe oder Fischfond • 400 ml Sahne • Salz • Pfeffer • etwas Zitronensaft • 1 kg Fischfilet • 350 g Blattspinat (TK) • 250 g gewürfelte Mozzarella • 4 EL frisch geriebener Parmesan

- Ofen auf 200 °C Oberhitze vorheizen.

- Entkernte und gewürfelte Spitzpaprika, Tomaten, Frühlingszwiebeln, Knoblauch und Zucker in Rapsöl andünsten. Brühe und Sahne zufügen, 10 Minuten köcheln, dann alles fein pürieren und mit Salz, Pfeffer und einem Spritzer Zitronensaft abschmecken.

- Gesäuberte Fischfilets in Medaillons schneiden, mit Salz und Pfeffer würzen und mit etwas Zitronensaft beträufeln. Die rote Sauce in eine feuerfeste Form füllen, die Fischfilets hineinlegen. Spinat gut ausdrücken, grob zerhacken, mit Mozzarella mischen und auf die Fischfilets verteilen, 10 Minuten gratinieren. Mit frisch geriebenem Parmesan servieren.

Das passt dazu Nudeln oder Reis

Allergene Gluten, Milcherzeugnis, Fisch, Zutatenliste der Brühe auf Allergene prüfen.

Fischstäbchen waren gestern

Fisch mit Knusperkruste & Pellkartoffeln

ganzjährig

Für 10 Kinderportionen • 50 Min.

1 kg weißes Fischfilet (z. B. Kabeljaurückenfilet, Seelachs) • 10 EL + 6 EL Butter • 2 Zitronen (Saft, Abrieb) • 200 g Semmelbrösel • 1 Bund Petersilie • 6 Stängel Zitronenthymian • 1,5 kg Pellkartoffeln (möglichst klein, festkochend) • 6 EL Butter oder Rapsöl • Salz • Pfeffer • 800 g Sauerrahm

- Ofen auf 180 °C vorheizen.

- Feuerfeste Backform mit Butter ausstreichen, gewaschenen und trocken getupften Fisch hineinlegen (auf Gräten achten). Zitronen abreiben, Abrieb zur Seite stellen, dann die Zitronen pressen und den Saft über die Fischfilets geben.

- 10 EL Butter in einer Pfanne schmelzen, Semmelbrösel, Zitronenabrieb und klein gehackte Kräuter zufügen, kräftig salzen und pfeffern. Panade über die Fischfilets geben, Form für ca. 30 Minuten in den Ofen stellen.

- Inzwischen die Kartoffeln dämpfen, anschließend in 6 EL ausgelassener Butter oder Rapsöl leicht bräunen. Zum Servieren leicht gesalzenen Sauerrahm reichen.

Variante Statt Pellkartoffeln eignen sich auch andere Kartoffelbeilagen.

Tipp Beim Einkauf Seelachs nicht mit Alaska-Seelachs verwechseln (es sind zwei unterschiedliche Fische).

Allergene Fisch, Gluten, Milcherzeugnis

Perfektes Fischgericht für Anfänger

Überbackenes Bohnenmus mit Thunfisch

ganzjährig

Für 10 Kinderportionen • 45 Min.

2 gewürfelte Zwiebeln • 2 EL Rapsöl • 5 gepresste Knoblauchzehen • 1,6 kg weiße Riesenbohnen aus der Dose • Salz • Pfeffer • 4 EL Crème fraîche • 4 EL Milch • 400 g Thunfisch in Öl • 100 g würziger Reibekäse (z. B. Bergkäse) • 4 EL Vollkornbrotwürfel • 2 EL Butter • etwas gehackte Petersilie

- Ofen auf 180 °C vorheizen.

- Zwiebel in Öl glasig schwitzen, Knoblauch zufügen, weitere 3 Minuten anschwitzen, Bohnen mit der Hälfte der Dosenflüssigkeit in den Topf geben und erhitzen, mit Salz und Pfeffer würzen, grob pürieren oder zerdrücken. Crème fraîche und Milch zufügen und vermengen.

- Die Masse in eine Schüssel füllen, Thunfisch (inkl. Öl) und die Hälfte des Käses hinzufügen, nochmals abschmecken. Mischung auf Gratinförmchen verteilen, mit Vollkornbrotwürfeln und restlichem Käse bestreuen, je 1–2 Butterflöckchen obenaufgeben und 20 Minuten überbacken. Mit Petersilie bestreuen.

Das passt dazu gedämpfter Brokkoli

Allergene Milcherzeugnis, Fisch, Gluten

Überbackenes Bohnenmus mit Thunfisch

Geliebtes Hasenfutter

Viel frisches Frühlingsgemüse und aromatische Kräuter bereichern zur Osterzeit die Speisetafel und pusten uns den letzten Rest Winterschlaf aus den Zellen. Alle Osterhasen, aufgepasst: Hier gibt es ein paar schöne Rezepte, auch für Zuckerschnuten.

Mehr Frühling geht nicht

Warmer Gemüsesalat

Frühling/vegetarisch

Für ca. 10 Portionen • 35 Min.

5 Eier • 3 kleine Kohlrabi • 5 Möhren • 600 g Spargel (weiß & grün) • 200 g Zuckerschoten • 5 EL Rapsöl • 5 EL Essig • 1 TL Senf • 1 TL Zucker • 6 EL Gemüsesud • Salz • Pfeffer • 1 Bund Schnittlauch • 2 EL fein gehackter Kerbel

- Die Eier ca. 9 Minuten kochen. Kohlrabi, Möhren und Spargel schälen, beim grünen Spargel nur das untere Drittel. Das gesamte Gemüse klein schneiden (leicht schräg), dann nach und nach in 300 ml leicht gesalzenem Wasser insgesamt 10 Minuten dünsten: Zuerst die Möhren und den Spargel, 3 Minuten später den Kohlrabi, weitere 3 Minuten später die Zuckerschoten zugeben.

- In der Zwischenzeit Öl, Essig, Senf, Zucker und 6 EL Gemüsesud zu einer Marinade verrühren, mit Salz und Pfeffer abschmecken. Die fein gehackten Kräuter zufügen. Das bissfest gegarte Gemüse in eine Schüssel geben und mit der Marinade vermischen. Anschließend auf Teller verteilen und in die Mitte jeweils ein halbes Ei geben.

Allergene Senf, Ei

Im Glas zum Löffeln

Eier mit grüner Sauce und Kartoffeln

Frühling

Für 10 Kinderportionen • 40 Min.

1,5 kg Kartoffeln • 2 EL Butter oder Rapsöl • Salz • 2 Salatgurken (Bio) • 10 Eier • 2 Bund Schnittlauch • 2 Bund Dill • 2 Bund Petersilie • 1 Bund Basilikum • 300 g Naturjoghurt • 500 g Schmand oder Sauerrahm • 2 TL Senf • 2 EL Mayonnaise • Pfeffer • einige Spritzer Zitronensaft

- Kartoffeln dämpfen, mit 2 EL Butter oder Rapsöl und etwas Salz durchschwenken und zur Seite stellen.

- Salatgurken grob raspeln, mit 1 TL Salz vermischen. Eier 8 – 9 Minuten kochen, abschrecken und pellen.

- Kräuter waschen und grob gehackt mit Joghurt, Schmand, Senf und Mayonnaise in einen Mixer geben und nicht zu fein vermixen. Mit Salz, Pfeffer und Zitronensaft abschmecken. Gurkenraspeln ausdrücken und mit der grünen Sauce vermischen. Eier und Kartoffeln klein schneiden und mit der grünen Sauce im Glas servieren.

Allergene Senf/Ei, Milcherzeugnis

Frische Sommerpasta

Limettenspaghetti mit Lachs und Salatgemüse

Sommer

Für 10 Kinderportionen • 45 Min.

750 g Spaghetti • 6 Eigelbe • Salz • 1 – 2 Bio-Limetten (Saft, Abrieb) • 750 ml Sahne • 10 Lachsfilets (à 80 – 100 g) • Pfeffer • 40 g Butter • ca. 6 EL Rapsöl • 4 Stängel Zitronenthymian • 2 fein gewürfelte Zwiebeln • 1 TL Zucker • 6 in Streifen geschnittene Salatherzen

- Spaghetti in reichlich Salzwasser bissfest garen.

- Eigelbe in einer großen Schüssel mit 2 TL Salz, Limettensaft und -abrieb und der Sahne verschlagen. Lachsfilets waschen und trocken tupfen. Butter und 4 EL Rapsöl in der Pfanne erhitzen und die Filets mit dem Thymian 5 – 6 Minuten von beiden Seiten braten, zum Schluss mit der Gabel grob zerdrücken, mit Salz und Pfeffer würzen.

- Zwiebeln mit 2 EL Rapsöl und 1 TL Zucker glasig dünsten, geschnittene Salatherzen zufügen, 2 – 4 Minuten scharf anbraten, mit Salz und Pfeffer abschmecken. Spaghetti abgießen und noch heiß zu der Limettensahne geben und vermischen, 5 Minuten bei geschlossenem Deckel und kleiner Flamme heiß halten (Ei!). Gebratene Salatherzenstreifen auf Tellern anrichten, Spaghetti darauf verteilen und mit Lachsstückchen belegen.

Variante Statt der Sahne kann auch mit Milch glatt gerührter Frischkäse verwendet werden.

Allergene Gluten, Ei, Milcherzeugnis, Fisch

In der Eierschale gebacken

Kuchenküken

Frühling

Für 12 Kuchenküken • 35 Min.

6 große Eier (davon 2 für den Teig) • 100 g sehr weiche Butter • 80 g Zucker • 100 g Mehl • 1 TL Backpulver • 120 ml Milch • 12 kleine getrocknete Aprikosen • 2 EL Puderzucker • etwas Zitronensaft

- Ofen auf 180 °C vorheizen.

- Die Eier vorsichtig und möglichst mittig aufschlagen (2 für den Teig in eine gesonderte Schüssel). Die 12 Eierschalen-Hälften mit warmen Wasser ausspülen, mit etwas Öl auspinseln und zurück in den Eierkarton stellen.

- Für den Teig die zwei gesondert aufgeschlagenen Eier mit Butter und Zucker schaumig schlagen. Mehl, Backpulver und Milch zufügen, nur kurz verrühren, bis alle Zutaten feucht sind.

- Die Eierschalen bis zur Hälfte mit Teig füllen, eine kleine getrocknete Aprikose auflegen und mit einem weiteren Klecks Teig bedecken. Die gefüllten Eierschalen mit dem Karton in den Ofen stellen, ca. 20 Minuten backen. Für die Glasur den Puderzucker mit etwas Zitronensaft vermischen und die fertig gebackenen Kuchenküken damit bestreichen, ggf. mit kleinen Schokoeiern verzieren.

Für kleine Helfer Die Eier befüllen, Teig rühren.

Variante Statt der Aprikosen können auch Schokotropfen oder Rosinen verwendet werden.

Allergene Ei, Milcherzeugnis, Gluten, Schwefeldioxid (falls getrocknete Aprikosen geschwefelt)

Muschelnudeln mit Fischbällchen

In leckerer Tomatensauce

Muschelnudeln mit Fischbällchen

ganzjährig

Für 10 Kinderportionen • 1 Std. 20 Min.

2 gewürfelte Zwiebeln • 2 gepresste Knoblauchzehen • 2 EL Rapsöl • 2 TL Zucker • 2 EL getrocknete, gehackte Tomaten • 1600 ml gestückelte Tomaten (Dose) • 100 ml Milch • 2 Eier • 800 g Fischfilet (z. B. Kabeljau) • 2 altbackene Brötchen oder 4 Toastscheiben • 1 Bund fein gehackte Petersilie • Salz • Pfeffer • 600 g Muschelnudeln oder andere kurze Pasta • frisch geriebener Parmesankäse

- Zwiebeln und Knoblauch in Öl und Zucker anschwitzen, getrocknete Tomaten und Dosentomaten zufügen, ca. 20 Minuten offen einkochen. Inzwischen Brötchen in kleine Würfel schneiden, Milch und Ei verschlagen und alles vermengen, 15 Minuten einweichen.

- Fischfilet fein hacken oder durch den Fleischwolf drehen, die eingeweichten Brötchenwürfel, Petersilie, 2 TL Salz und etwas Pfeffer dazugeben und zu einer formbaren Masse verarbeiten (ggf. mit Semmelbröseln festigen). Die Fischmasse zu kleinen Klößchen formen.

- Tomatensauce pürieren, mit Salz und Pfeffer abschmecken und ggf. mit etwas Wasser auffüllen, sodass eine dickliche Sauce entsteht. Die Sauce in eine hochwandige Pfanne gießen, Fischklößchen hineinlegen und den Deckel schließen. 20 Minuten bei kleiner Hitze ziehen lassen.

- Nudeln in reichlich Salzwasser bissfest garen. Mit der Tomatensauce und den Klößchen anrichten, mit Parmesan bestreuen.

Allergene Gluten, Fisch, Milcherzeugnis, Ei, Schwefeldioxid (falls. getrocknete Tomaten geschwefelt)

Ein feines Duo

Fischlasagne mit Fenchel

Sommer/Herbst

Für 10 Kinderportionen • 1 Std. 15 Min.

ca. 16 Lasagneplatten • 8 kleine Fenchelknollen • 2 EL Rapsöl • 2 TL Zucker • Salz • Pfeffer • 4 Stängel fein gehackter Dill • 100 g Butter • 4 TL Mehl • 500 ml Gemüsebrühe • 400 ml Sahne • 1 Zitrone (Saft) • Muskatnuss • 750 g Fischfilet (z. B. Kabeljau, Lachs) • 6 EL zerbröseltes Vollkorn-Toastbrot • 100 g geriebener Gouda

- Ofen auf 180 °C vorheizen.

- Lasagneplatten in Salzwasser bissfest garen, kalt abschrecken und beiseitestellen.

- Fenchelknollen vom Strunk befreien (das Grün zurückbehalten) und würfeln, in 2 EL Rapsöl und 2 TL Zucker anschwitzen, mit Salz und Pfeffer abschmecken und fein gehackten Dill und Fenchelgrün untermischen.

- Für die Sauce 100 g Butter schmelzen und Mehl, Brühe und Sahne zufügen, köcheln lassen, bis eine sämige Konsistenz entsteht. Zum Schluss mit Zitronensaft, Salz, Pfeffer und Muskat abschmecken, Fenchelgemüse dazugeben.

- Fischfilets leicht salzen. Gefettete Auflaufform mit einer Lage Lasagneplatten auslegen, Fisch einschichten und mit Sauce bedecken. Erneut Lasagneplatten, Fisch und Sauce schichten. Zum Schluss Käse und Toastbrotbrösel darüberstreuen, die Lasagne ca. 30 Minuten backen.

Variante Statt Sahne mit Milch glatt gerührter Frischkäse

Allergene Gluten, Fisch, Milcherzeugnis, Zutatenliste für Brühe auf Allergene prüfen.

Gesundes Fastfood

Fischburger

ganzjährig

Für 10 Burger • 40 Min.

2 altbackene Brötchen • 100 ml Milch • 2 Eier • 750 g Fischfilet • 2 TL Senf • 1 gewürfelte Zwiebel • 1 gepresste Knoblauchzehe • 2 TL geriebener Ingwer • 2 EL Schnittlauch • 2 EL Zitronensaft • Salz • Pfeffer • Rapsöl zum Braten • 10 Burger-Brötchen (Fertigprodukt) • Remoulade oder Salatmayonnaise • Salatgurkenscheiben • grüner Salat

- Das altbackene Brötchen in kleine Würfel schneiden. Milch und Ei verschlagen, Brotwürfel dazugeben, mindestens 15 Minuten einweichen.

- Fischfilet fein hacken oder durch den Fleischwolf drehen, mit Senf, Zwiebeln, Knoblauch, Ingwer, Schnittlauch und ausgedrückten Brotwürfeln vermengen, dazu 2 TL Salz, Zitronensaft und etwas Pfeffer.

- Öl zum Braten in der Pfanne erhitzen und aus der Fischmasse Bratlinge formen, leicht andrücken und von beiden Seiten je 5 Minuten bei mittlerer Hitze braten.

- Burgerhälften ggf. kurz antoasten, je 1 TL Mayonnaise oder Remoulade auf die Hälften verteilen, dann mit Salat, einem Bratling und Gurkenscheiben zu einem Burger zusammenbauen.

Für kleine Helfer Lassen Sie die Kinder ihre Burger selbst zusammenbauen.

Allergene Fisch, Gluten, Milcherzeugnis, Ei, Zutatenliste für Remoulade, Salatmayonnaise auf Allergene prüfen.

Backteig ohne Bier

Backfisch mit Pellkartoffelsalat

ganzjährig

Für 10 Kinderportionen • 1 Std. 15 Min.

1500 g kleine Kartoffeln mit dünner Schale • 200 g frische Erbsen (TK) • 200 g gewürfelter Bauchspeck • 100 ml Rapsöl • 2 TL Zucker • 2 fein gewürfelte Zwiebeln • 400 ml kräftige Gemüsebrühe • 8 EL heller Essig • 1 TL Senf • Salz • Pfeffer • 2 EL Schnittlauch • 4 Eier • 400 g Mehl • 120 ml Milch • 120 ml Wasser • 6 EL Mineralwasser • ½ TL Salz • 1 EL Zucker • Rapsöl zum Frittieren • 1 kg Fischfilet (z. B. Seelachs)

- Für den Pellkartoffelsalat die Kartoffeln dämpfen, erkalten lassen und mit Schale in grobe Scheiben schneiden. Erbsen ca. 1 Minute blanchieren, zu den Kartoffeln geben. Speck in einer Pfanne auslassen.

- 100 ml Rapsöl in einer Pfanne erhitzen, 2 TL Zucker und Zwiebelwürfel zufügen und mit Brühe aufgießen. Essig, Senf und Speckwürfel zufügen, 2 Minuten köcheln lassen. Warme Marinade über die Kartoffeln gießen, mit Salz und Pfeffer abschmecken und mit Schnittlauch bestreuen, abgedeckt ziehen lassen.

- Für den Backteig die Eier trennen und das Eiklar steif schlagen. In einer Schüssel Mehl, Milch, Wasser, Mineralwasser, Eigelbe, Salz und Zucker glatt rühren, zum Schluss den Eischnee vorsichtig unterziehen. Frittieröl auf Temperatur bringen (170 °C), Fischfilets in Portionsgröße schneiden, mit der Gabel durch den Backteig ziehen und goldbraun ausfrittieren. Auf Küchenkrepp abtropfen lassen und mit Kartoffelsalat servieren.

Allergene Gluten, Senf, Ei, Milcherzeugnis, Fisch, Zutatenliste für Brühe, Remoulade auf Allergene prüfen.

Backfisch mit Pellkartoffelsalat

SUPPEN

Geheimtipp für kalte Tage

Apfel-Zwiebel-Suppe

Herbst/vegetarisch

Für 10 Kinderportionen • 45 Min.

200 g durchwachsener Speck • 1,5 kg Gemüsezwiebeln • 4 EL Butter • 4 gewürfelte Äpfel • 400 ml Apfelsaft-Wasser-Gemisch (1 : 1) • 2 l Gemüsebrühe • 1 Lorbeerblatt • 3 Stängel Majoran • Salz • Pfeffer • etwas Muskatnuss • 1 Bund Schnittlauch • 300 g Bergkäse

- Speck in Streifen schneiden, in einer Pfanne kross ausbraten, beiseitestellen. Zwiebeln in dünne Streifen oder Ringe schneiden, 15 Minuten in Butter dünsten, dann Apfelwürfel und Speck zufügen und mit dem Apfelsaft-Wasser-Gemisch und der Gemüsebrühe aufkochen. Lorbeer und Majoran zufügen, Suppe weitere 15 Minuten kochen.

- Lorbeer und Majoran wieder entfernen, 2 Kellen Suppe mit Einlage entnehmen, pürieren und wieder in den Topf geben. Suppe mit Salz, Pfeffer und Muskatnuss abschmecken, auf Teller verteilen und mit Schnittlauch und geriebenem Käse bestreuen.

Variante Der Speck kann durch gewürfeltes Kasseler ersetzt werden.

Allergene Milcherzeugnis, Zutatenliste für Brühe auf Allergene prüfen.

Das Beste aus dem Garten

Minestrone mit Makkaroni

Sommer/vegetarisch

Für 10 Kinderportionen • 45 Min.

800 g Tomaten • 4 Möhren • 1 – 2 Zucchini • 1½ Stangen Lauch • 10 kleine Kartoffeln • 200 g grüne Bohnen • 4 Stängel Basilikum • 4 Stängel Petersilie • 2 gewürfelte Zwiebeln • 1 gepresste Knoblauchzehe • 5 EL Olivenöl • 2 TL Zucker • 3 l Gemüsebrühe • 250 g kurze Makkaroni • 200 g junge Erbsen (TK) • 4 Stangen Staudensellerie • 400 g Cannellini-Bohnen (Dose) oder Kichererbsen • Salz • Pfeffer • 1 Zitrone (Abrieb) • 5 EL frisch geriebener Parmesan

- Tomaten entkernen und würfeln, geschälte Möhren und Zucchini längs halbieren und in Scheiben schneiden, Lauch in grobe Ringe schneiden, geschälte Kartoffeln würfeln, grüne Bohnen putzen und in 3 cm große Stücke schneiden, die Kräuter hacken.

- Zwiebeln und Knoblauch in Öl und Zucker anschwitzen. Die Hälfte der Kräuter, Möhren, Tomaten, Kartoffeln und grüne Bohnen dazugeben, kurz mitdünsten und mit der Brühe aufgießen, ca. 15 Minuten köcheln. Makkaroni, Erbsen, Staudensellerie und Cannelli-Bohnen zufügen, weitere 10 köcheln lassen.

- Minestrone mit Salz, Pfeffer und Zitronenabrieb abschmecken. Zum Servieren mit frisch geriebenem Parmesan bestreuen, restliche Kräuter zum »Selberwürzen« dazu reichen.

Für kleine Helfer Gemüse verlesen und klein schneiden.

Allergene Gluten, Milcherzeugnis, Sellerie, Zutatenliste für Brühe auf Allergene prüfen.

Für großen Suppenhunger

Linsensuppe mit Spätzle und Wienerle

Herbst

Für 10 Kinderportionen • 1 Std.

2 TL Puderzucker • 6 EL dunkler Balsamico • 2 gewürfelte Zwiebeln • 1 gepresste Knoblauchzehe • 2 EL Rapsöl • 600 g braune Linsen • 2 EL Tomatenmark • 1,5 l Gemüsebrühe • 2 gewürfelte Möhren • ½ Lauchstange • 4 Stangen Staudensellerie • 440 g Mehl • 6 Eier • 4 TL Öl • etwas Wasser • Salz • Pfeffer • Muskatnuss • 1 TL getrockneter Majoran • 1 Bund Petersilie • 10 Wiener Würstchen

- Puderzucker in einer kleinen Pfanne schmelzen, mit Balsamico ablöschen, etwas einkochen lassen und beiseitestellen. Zwiebel und Knoblauch in Öl anschwitzen, gewaschene Linsen und Tomatenmark zufügen, ebenfalls kurz anschwitzen, dann mit der Brühe auffüllen und ca. 40 Minuten köcheln. Nach 30 Minuten klein geschnittenes Gemüse dazugeben.

- Für die Spätzle Mehl, Eier, etwas Wasser und Öl gut verrühren und mit Salz, Pfeffer und Muskatnuss würzen. Teig so lange schlagen, bis er Blasen wirft. Spätzleteig mit der Spätzlepresse in siedendes Salzwasser drücken, einmal aufwallen lassen, dann herausnehmen und mit kaltem Wasser abschrecken.

- Gegen Ende der Kochzeit eingekochten Balsamico und die Wiener Würstchen zu den Linsen geben, nochmals mit Salz und Pfeffer abschmecken, mit Majoran und Petersilie bestreuen und mit den Spätzle servieren.

Allergene Gluten, Sellerie, Ei, Zutatenliste für Wiener Würstchen auf Allergene prüfen.

Linsensuppe mit Spätzle und Wienerle

Ein warmer Schal für die Seele

Grießsuppe mit Wintergemüse

Winter/vegetarisch

Für 10 Kinderportionen • 30 Min.

2 gewürfelte Zwiebeln • 120 g Hartweizengrieß • 4 EL Rapsöl • 4 EL Butter • 300 g gewürfelte Möhren • 100 g gewürfelter Knollensellerie • ½ Stange Lauch • 2 L Gemüsebrühe • 1 Lorbeerblatt • 4 EL geriebener Parmesan • Muskatnuss • Salz • Pfeffer • ½ TL Zucker • 4 EL Schnittlauchröllchen

- Zwiebelwürfel in einem Topf mit Grieß mit je 4 EL Öl und Butter hellbraun rösten. Gemüsewürfel und fein geschnittenen Lauch zufügen. Mit Brühe auffüllen, Lorbeerblatt zufügen und die Suppe 15 Minuten offen köcheln lassen, zum Schluss 2 EL geriebenen Parmesan untermischen.

- Suppe mit einer Prise frisch geriebener Muskatnuss, Salz, Pfeffer und Zucker würzen und mit Schnittlauchröllchen servieren.

Das passt dazu Sehr lecker mit Kräutercroutons

Allergene Gluten, Milcherzeugnis, Sellerie

Gehaltvoller Sattmacher

Curry-Hackfleisch-Bohnen-Eintopf

Herbst

10 Kinderportionen • 50 Min.

500 g gemischtes Hackfleisch • 3 gewürfelte Zwiebeln • 1 gepresste Knoblauchzehe • 4 EL Rapsöl • 2 l Fleischbrühe • 3 gewürfelte Äpfel (geschält) • 1 Dose Dicke Bohnen (800 g) • 400 ml Kokosmilch • 300 g Schmand • 5 EL Currypulver • 2 EL edelsüßes Paprikapulver • 2 Limetten • Salz • Pfeffer

- Hackfleisch in Öl scharf anbraten, Zwiebeln und Knoblauch zufügen und kurz mitbraten, dann mit Fleischbrühe auffüllen und 20 Minuten köcheln.

- Gewürfelte Äpfel und Bohnen dazugeben, mit Kokosmilch auffüllen und Schmand unterrühren, weitere 10 Minuten köcheln.

- Kurz vor Ende der Kochzeit Currypulver, Paprikapulver, Limettensaft und etwas Schalenabrieb zufügen. Mit Salz und Pfeffer abschmecken.

Variante Auch mit Hackfleischersatz aus Tofu

Allergene Gluten, Milcherzeugnis, Zutatenliste für Fleischbrühe auf Allergene prüfen.

Mit leicht exotischer Note

Rote-Bete-Kokos-Suppe

Herbst/vegetarisch

Für 10 Kinderportionen • 45 Min.

2 rote gewürfelte Zwiebeln • 2 Stange Staudensellerie • 2 TL geriebener Ingwer • 2 EL Butter • 4 große Rote Bete (vorgegart) • 3 Stängel Majoran • 1,5 l Gemüsebrühe • 400 ml Kokosmilch • 2 Orangen (Saft, Abrieb) • Salz • Pfeffer • etwas Kresse

- Zwiebel, gewürfelten Sellerie und Ingwer in der Butter 5 Minuten dünsten, Rote Bete würfeln und zufügen, weitere 5 Minuten dünsten. Majoranstängel zufügen, mit Gemüsebrühe auffüllen, 20 Minuten köcheln lassen.

- Kräuter entfernen, anschließend pürieren und Kokosmilch zufügen. Suppe nochmals aufkochen, mit Orangensaft aufgießen und mit Salz, Pfeffer und Orangenabrieb abschmecken. Zum Servieren mit etwas Kresse bestreuen.

Tipp Bei der Verarbeitung der Roten Bete Gummihandschuhe tragen (stark färbend).

Allergene Sellerie, Zutatenliste für Brühe auf Allergene prüfen.

Rote-Bete-Kokos-Suppe

Der Kick für alle Kicker

Für kleine Dribbelkünstler kommen hier Rezepte, die für genügend Power sorgen, unkompliziert in der Zubereitung und zugleich bekömmlich sind. Dazu ein kräftiger Schluck Minze-Zitronen-Zielwasser und schon kann's losgehen. Freistoß, Kopfball – TOR!

Für heiße Sommertage

Minze-Zitronen-Eistee

Sommer/vegetarisch

Für gut 1 Liter • 1½ Std. inkl. Auskühlzeit

1 l Wasser • 1 Bund frische Minze • 4–5 Ingwerscheiben • Zitronen oder Limettenstücke • 100 ml Zitronensirup (S. 173) • Eiswürfel

- Wasser zum Kochen bringen, Topf von der Herdplatte ziehen und die Minze mit den Ingwerscheiben hineingeben.

- Bei geschlossenem Deckel 12 Minuten ziehen lassen und durch ein Sieb abseihen. Zitronensirup zufügen und auskühlen lassen. Mit Eis und Zitronen- oder Limettenstücken servieren.

Tipp Verwenden sie am besten die aromatische Spearminze oder Zitronenmelisse.

Schnell verputzt

Frischkäsepops

ganzjährig/vegetarisch

Für ca. 10 Pops • 20 Min. + Kühlzeit

400 g Frischkäse • 125 g Butter • 1 Spritzer Zitronensaft • 400 g gebröseltes Pumpernickel oder Vollkornbrot • Salz • Pfeffer • 1 geraspelte Möhre • 1 Bund gehackter Schnittlauch • Cocktailspieße

- Den Frischkäse mit der weichen Butter, dem Zitronensaft und den Brotbröseln zu einer gleichmäßigen Masse vermischen, mit Salz und Pfeffer würzen.

- Möhre raspeln und auf einem Teller verteilen. Schnittlauch fein hacken, ebenfalls auf einem Teller verteilen. Aus der Käse-Brot Masse 10 kleine Kugeln formen und in den Möhrenraspeln oder dem Schnittlauch wälzen, auf Spieße stecken, 30 Minuten kalt stellen.

Für kleine Helfer Kugeln wälzen, Spieße stecken

Variante Anstatt Schnittlauch eignen sich auch viele andere Kräuter, z. B. Petersilie, Basilikum.

Allergene Milcherzeugnis, Gluten

Bringt Farbe auf den Tisch

Alles-drin-Salat

ganzjährig/vegetarisch

Für 10 Kinderportionen • 40 Min.

400 g Quinoa oder Hirse • 2 kleine Romanesco • 120 g Kürbiskerne • 4 Avocados • 200 g rote, kernlose Trauben • 1 Granatapfel • 8 Radieschen • 1 Baguette • 2 EL + 6 EL Rapsöl • 2 Zitronen (Saft) • ½ Zehe gepresster Knoblauch • 2 TL Zucker • Salz • Pfeffer • 4 Stängel Basilikum • 4 Stängel Petersilie

- Quinoa oder Hirse nach Packungsangabe garen und erkalten lassen. Romanesco in Röschen zerteilen und bissfest dämpfen. Kürbiskerne ohne Fett anrösten. Avocados auslösen und in mundgerechte Stücke zerteilen. Trauben halbieren, Granatapfel auslösen, Radieschen vierteln.

- Baguette in mundgerechte Stücke würfeln und in 2 EL Öl knusprig braten.

- Für das Dressing das restliche Öl, Zitronensaft, Knoblauch, Zucker, Salz und Pfeffer in ein verschließbares Gefäß geben und gut schütteln, zum Schluss die Kräuter unterrühren.

- Zutaten für den Salat in einer flachen Schüssel verteilen und das Dressing löffelweise darüber geben.

Für kleine Helfer Mischen der Zutaten nach eigenen Vorlieben.

Variante Die Zutaten können natürlich nach Belieben variiert werden.

Allergene Gluten

Die Frikadellen schmecken auch kalt

Bratwurst-Frikadellen mit Curry-Spitzkohl

Frühling

Für 10 Kinderportionen/20 Frikadellen • 45 Min.

4 Scheiben Vollkorntoast • etwas Milch zum Einweichen • 400 g Rinderhackfleisch • 400 g grobe Bratwurst • 2 EL Senf • 2 Eier • 4 Stängel Petersilie • 3 fein geschnittene Frühlingszwiebeln • Salz • Pfeffer • 8 EL Hartweizengrieß • 8 EL Rapsöl • 1 – 2 Spitzkohl (ca. 1 kg) • 1 Stange Lauch • 2 TL Zucker • 200 ml Gemüsebrühe • 400 ml Sahne • 2 TL Currypulver • 2 Limetten

- Ofen auf 100 °C vorheizen.

- Toastbrot einweichen, ausdrücken und mit Hackfleisch, Bratwurstbrät, Senf, Eiern, fein gehackter Petersilie und den Frühlingszwiebeln gut vermengen, salzen und pfeffern. 20 Frikadellen formen, in Hartweizengries wälzen und in Rapsöl ausbraten, anschließend im Ofen warm halten.

- Spitzkohl in Streifen, Lauch in dünne Ringe schneiden und im Frikadellen-Bratfett mit etwas Zucker hell anrösten, mit Gemüsebrühe und Sahne ablöschen, leicht einkochen, mit Curry, Salz und Limettensaft abschmecken.

Variante Vollkorntoast kann durch Haferflocken ersetzt werden.

Allergene Gluten, Senf, Ei, Milcherzeugnis, Zutatenliste für Bratwurst und Gemüsebrühe auf Allergene prüfen.

Grobe Kürbissuppe mit Wirsing

Kürbissuppe mal anders

Grobe Kürbissuppe mit Wirsing

Herbst/Winter/vegetarisch

Für 10 Personen • 45 Min.

2 gewürfelte Zwiebeln • 2 TL Zucker • 5 EL Rapsöl • 1,5 kg grob gewürfeltes Kürbisfleisch • 5 EL Tomatenmark • 2 Stange Staudensellerie • 2 gewürfelte Möhren • 2,5 l kräftige Gemüsebrühe • 1 gehackte Knoblauchzehe • 200 g Wirsing • 800 g Kichererbsen (oder weiße Bohnen) • 1 Lorbeerblatt • Salz • Pfeffer • 5 EL geriebener Parmesan

- Zwiebeln mit Zucker in Öl anschwitzen. Kürbiswürfel, Tomatenmark, klein geschnittener Staudensellerie und Möhrenwürfel zufügen, weitere 6–8 Minuten anschwitzen, 100 ml Gemüsebrühe, Knoblauch und sehr fein geschnittenen Wirsing zufügen, bei geschlossenem Deckel 10 Minuten dünsten.

- Mit der restlichen Brühe auffüllen, Kichererbsen und Lorbeerblatt zufügen, mit Salz und Pfeffer abschmecken, weitere 10 Minuten köcheln lassen. Zum Servieren mit je 1 TL frisch geriebenem Parmesankäse bestreuen.

Variante Statt Wirsing kann auch Weißkohl oder Grünkohl verwendet werden.

Allergene Sellerie, Milcherzeugnis, Zutatenliste Brühe auf Allergene prüfen.

Frühling zum Löffeln

Kräutersuppe

Frühling/vegetarisch

Für 10 Kinderportionen • 35 Min.

2 Frühlingszwiebeln • 2 Kartoffeln • 1 Knoblauchzehe • 50 g kalte Butter • 2 l Gemüsebrühe • 200 g Babyspinat • 200 g Kräutermix (z. B. Kerbel, Petersilie, Dill, Bärlauch, Sauerampfer, Basilikum), • 200 ml Sahne • 200 ml Milch • 1 Zitronen (½ TL Abrieb) • Salz • Pfeffer • etwas Kresse • essbare Blüten (z. B. Gänseblümchen)

- Lauchzwiebeln, Kartoffeln und Knoblauch klein schneiden und in der Hälfte der Butter anschwitzen, mit Brühe angießen, 20 Minuten sanft köcheln lassen.

- Spinat verlesen und mit dem Kräutermix klein hacken. Sahne, Milch und Zitronenabrieb zur Brühe geben, mit dem Pürierstab aufmixen, dabei Kräuter, Spinat und restliche Butter zufügen.

- Suppe mit Salz und Pfeffer abschmecken, mit Kresse und Blüten servieren.

Für kleine Helfer Gänseblümchen-Blüten für die Suppe pflücken.

Variante Sehr lecker mit Vollkornbrotcroutons

Allergene Gluten, Milcherzeugnis, Zutatenliste für Brühe auf Allergene prüfen.

Fruchtig lecker

Italienische Tomatensuppe

Sommer/vegetarisch

Für 10 Kinderportionen • 35 Min.

2 geriebene Möhren • 1 Stück (50 g) geriebener Knollensellerie • 2 gewürfelte Zwiebeln • 3 gepresste Knoblauchzehen • 10 eingelegte getrocknete Tomaten • 2 EL Tomatenmark • 4 TL Zucker • 5 EL Olivenöl • 1600 g gestückelte Tomaten (Dose) • 1 l Gemüsebrühe • 1 Lorbeerblatt • 4 Stängel Zitronenthymian • Salz • Pfeffer • 2 Stängel Oregano • 2 Stängel Basilikum • 5 EL Sauerrahm

- Möhren- und Sellerieraspeln, Zwiebeln, Knoblauch, getrocknete Tomaten und Tomatenmark mit Zucker und Olivenöl anschwitzen, mit gestückelten Tomaten und Gemüsebrühe auffüllen, Lorbeerblatt und Thymianzweige dazugeben und 20 Minuten bei offenem Deckel köcheln lassen.

- Thymian und Lorbeerblatt wieder entfernen, die Suppe pürieren und mit Salz und Pfeffer abschmecken. Zum Schluss gehackten Oregano und Basilikum zufügen und mit je einem Klecks Sauerrahm servieren.

Variante Als Einlage passen Reis oder Nudeln.

Allergene Sellerie, Milcherzeugnis, ggf. Gluten (Einlage)

Fein püriert

Türkische Linsensuppe

ganzjährig/vegetarisch

Für 10 Kinderportionen • 50 Min.

600 g rote Linsen • 2 gewürfelte Zwiebeln • 2 gewürfelte Möhren • 2 EL Rapsöl • 2 gepresste Knoblauchzehen • 3 l Gemüsebrühe • 4 EL Ajvar (mild) • 2 EL Paprikamark • 2 EL Tomatenmark • 2 TL gemahlener Kreuzkümmel • Salz • 2 EL Zitronensaft • türkischer Joghurt und geröstetes Fladenbrot zum Servieren • 1 Bund Petersilie

- Die roten Linsen abspülen. Zwiebeln und Möhren in Rapsöl anschwitzen, Knoblauch und Linsen zufügen und mit Gemüsebrühe aufgießen. Ajvar, Paprikamark und Tomatenmark zufügen und ca. 45 Minuten bei mittlerer Hitze köcheln lassen.

- Nun alles mit dem Stabmixer pürieren und mit Kreuzkümmel, Salz und Zitronensaft abschmecken. Zum Servieren einen Klecks Joghurt und etwas fein gehackte Petersilie auf die Suppe geben.

Das passt dazu geröstetes Fladenbrot

Tipp Rote Linsen sind »mehligkochend« und eignen sich gut zum Pürieren.

Allergene Gluten, Milcherzeugnis, Sesam (falls auf Fladenbrot), Zutatenliste für Ajvar auf Allergene prüfen.

Türkische Linsensuppe

SALATE

Zu Recht ein Klassiker

Caesar Salad

Sommer

Für 10 Kinderportionen • 20 Min.

2 Romanasalate • 250 g leichte Mayonnaise oder Salatcreme • 2 EL Naturjoghurt • 100 ml Rapsöl • 8 EL Wasser • 2 EL Limettensaft • 2 TL Zucker • 2 TL Senf • ½ Knoblauchzehe • Salz • Pfeffer • 200 g Bacon (Frühstücksspeck) • 400 g Vollkornbaguette • Olivenöl • 60 g gehobelter Parmesan

- Die Salate waschen, in breite Streifen schneiden und trocken schleudern bzw. gut abtropfen lassen.

- Für das Dressing alle Zutaten in ein verschließbares Gefäß füllen und kräftig schütteln, mit Salz und Pfeffer abschmecken.

- Die Speckscheiben in einer beschichteten Pfanne kross ausbraten, herausnehmen und auf Küchenpapier abtropfen lassen. Brot in dünne Scheiben schneiden und im Speckfett mit etwas Olivenöl goldbraun rösten. Salat mit dem Dressing marinieren, mit Speckstreifen und geröstetem Brot belegen und mit Parmesanhobeln bestreuen.

Das passt dazu Mit gebratenen Putenbruststreifen wird der Salat eine vollwertige Mahlzeit.

Allergene Gluten, Senf, Milcherzeugnis, Zutatenliste für Mayonnaise auf Allergene prüfen.

Für kleine Asia-Fans

Reisnudelsalat

ganzjährig/vegetarisch

Für 10 Kinderportionen • 30 Min.

400 g breite Reisnudeln • 1 gepresste Knoblauchzehe • 3 – 4 gehackte Frühlingszwiebeln • 2 TL Sesam- oder Erdnussöl • 1 nicht zu reife Mango • 350 g Tofu • 1 – 2 Avocados • 1 Salatgurke • 2 EL gehacktes Koriandergrün oder Petersilie • 2 geraspelte Möhren • 4 TL Zucker • 3 Limetten • 3 EL Rapsöl • 2 EL helle Sojasauce • 2 Msp. edelsüßes Paprikapulver • 2 EL Sesamsalz (S. 154)

- Reisnudeln nach Packungsanweisung garen, abgießen und noch heiß mit dem gepressten Knoblauch und den gehackten Frühlingszwiebeln vermengen, kurz abschrecken und mit etwas Sesam- oder Erdnussöl beträufeln, ggf. mit einer Schere zerkleinern.

- Mango schälen, Fruchtfleisch am Kern entlang ablösen und in dünne Scheiben schneiden. Tofu würfeln. Avocados auslösen und in Würfel schneiden. Gurke längs halbieren, entkernen und in feine Scheiben schneiden. Alle Salatzutaten und die gehackten Kräuter mischen.

- Für die Marinade den Zucker, Limettensaft, Rapsöl, Sojasauce und Paprikapulver mixen und über den Salat geben, alles gut vermengen. Zum Servieren nach Geschmack mit Sesamsalz bestreuen.

Achtung Nicht für Kinder unter 4 Jahren geeignet (Erdnüsse!).

Allergene Sesam, Soja, Zutatenliste für Reisnudeln auf Allergene prüfen, ggf. Erdnüsse.

So mögen Kinder Spinat

Babyspinat-Salat mit Beeren

Sommer/vegetarisch

Für 10 Kinderportionen • 15 Min.

800 g Babyspinat • 10 Radieschen • 25 Kirschtomaten • 10 Aprikosen oder 5 Nektarinen • 1 Dose Canellini-Bohnen (400 g) • 200 g Blaubeeren • 200 g Himbeeren • 8 EL Rapsöl • 2 – 3 EL Zitronensaft • 2 EL Honig • 2 gehackte Frühlingszwiebeln • 3 EL gehackte Minze oder Petersilie • Salz • Pfeffer

- Den Babyspinat waschen und trocken schleudern, Radieschen in dünne Scheiben hobeln. Kirschtomaten halbieren und die Aprikosen achteln. Bohnen abgießen und abspülen, mit den Beeren und den anderen Salatzutaten mischen.

- Für das Dressing Rapsöl, Zitronensaft und Honig in einem hohen Gefäß oder kräftig schütteln, die sehr klein geschnittene Frühlingszwiebel und die Minze/Petersilie unterrühren, mit Salz und Pfeffer abschmecken, etwas ziehen lassen.

- Salat mit dem Dressing marinieren und gleich servieren.

Für kleine Helfer Verlesen der Beeren, Mischen der Zutaten

Variante Milden, in Streifen geschnittenen Schnittkäse unter den Salat mischen (z. B. Leerdamer).

Allergene Falls mit Käse: Milcherzeugnis.

Babyspinat-Salat mit Beeren

Kreative Kinderküche

Fruchtiger Linsensalat

Frühling/vegetarisch
Für 10 Kinderportionen • 35 Min.

400 g braune Linsen • 10 Stangen grüner Spargel • 3 kleine Stangen Rhabarber • 6 EL Rapsöl • 1 TL Zucker • 15 Kirschtomaten • 10 Erdbeeren • 3 – 4 EL Ahornsirup • 1 Zitrone (Saft) • Salz • Pfeffer • 300 g milder Feta oder Mozzarella • 5 Stängel Basilikum

- Die Linsen unter fließendem Wasser abspülen und nach Packungsangabe garen, erst zum Schluss leicht salzen, auskühlen lassen. Vom grünen Spargel die Enden abschneiden, das letzte Dritteln schälen, in mundgerechte Stücke schneiden. Rhabarber abziehen, ebenfalls in mundgerechte Stücke schneiden und zusammen mit dem Spargel in etwas Öl mit 1 TL Zucker 3 – 4 Minuten karamellisieren.

- Tomaten und Erdbeeren grob zerkleinern, dann alles zusammenfügen und locker durchmischen.

- Für das Dressing Ahornsirup und Zitronensaft mixen, mit dem Salat mischen, mit Salz und Pfeffer abschmecken und mit zerbröckeltem Käse und klein gehacktem Basilikum bestreuen.

Variante Statt der Erdbeeren können auch Himbeeren verwendet werden.

Allergene Milcherzeugnis

Sättigender Salat auf griechisch

Riesenbohnen mit Feta und geröstetem Brot

ganzjährig/vegetarisch
Für 10 Kinderportionen • 15 Min.

1,5 kg Dicke Bohnen (Dose) • 800 g gestückelte Tomaten • 2 EL gehackte Staudenselleriblätter oder Petersilie • 4 Stängel Zitronenthymian • 6 EL Olivenöl • 1 Zitrone (Saft) • 2 TL Zucker • Salz • Pfeffer • 200 g Feta oder Labne (S. 165) • 2 Fladenbrote • 4 EL Olivenöl • 1 gepresste Knoblauchzehe

- Bohnen abgießen, abtropfen lassen und mit den entkernten, gewürfelten Tomaten und den gehackten Kräutern mischen.

- Olivenöl, Zitronensaft, Zucker, Salz und Pfeffer zu einer Marinade vermischen und über die Bohnen geben, mit gebröckeltem Feta oder Labne bestreuen.

- Fladenbrot quer durchschneiden, die beiden Hälften achteln, die weiche Seite mit Olivenöl bepinseln. Diese Seite in einer beschichteten Pfanne goldbraun rösten. Mit einer halbierten Knoblauchzehe leicht über die geröstete Seite streichen, zusammen mit dem Bohnensalat servieren.

Allergene Gluten, Sellerie, Milcherzeugnis, Sesam (evtl. auf Fladenbrot)

Vielseitige Beilage

Krautsalat aus Spitzkohl

Frühling/laktosefrei

Für 10 Kinderportionen • 25 Min. + Zeit zum Ziehen

1–2 kleinere Spitzkohlköpfe • 2 TL Salz • 250 g gewürfelter Bauchspeck • 2 gewürfelte Zwiebeln • 6 EL Apfelessig • 8 EL Rapsöl • 2 TL Kümmel • Salz • Pfeffer • 2 Bund Schnittlauch • 5 Scheiben grobes Vollkornbrot • Rapsöl zum Braten

- Kohl vierteln, Strunk entfernen und in feine Streifen schneiden (z. B. mit dem Gemüsehobel). Kohlstreifen mit 2 TL Salz mischen, 30 Minuten abgedeckt ziehen lassen.

- Speck in einer Pfanne langsam auslassen, Zwiebeln zufügen, kurz mit anschwitzen, Essig und Öl zufügen, Kümmel untermischen, etwas auskühlen lassen. Mit Salz und Pfeffer würzen.

- Marinade mit dem Weißkohl vermischen, nochmals 30 Minuten ziehen lassen, ggf. nachwürzen. Vollkornbrot fein würfeln und in etwas Rapsöl kross braten, auskühlen lassen und zum Servieren über den Salat geben.

Variante Statt Spitzkohl eignet sich auch Weißkohl (diesen nach dem Hobeln ggf. kurz überbrühen).

Allergene Gluten

So gelingt er perfekt

Kartoffel-Gurken-Salat

ganzjährig/vegetarisch

Für 10 Kinderportionen • 1 Std.

2 kg festkochende Kartoffeln • 1 TL Kümmel • Salz • 4 EL Butter • 800 ml kräftige Geflügelbrühe • 6 EL Obstessig • 2 EL Senf • Salz • 1 TL Zucker • 2 kleine Zwiebeln • 2 EL Rapsöl • 1 Bio-Salatgurke • 8 Radieschen • 1 Bund Petersilie

- Kartoffeln schälen, mit dem Kümmel in Salzwasser 20 Minuten garen, anschließend ausdämpfen lassen und in Scheiben schneiden.

- Butter in einer Pfanne schmelzen und bräunen, beiseitestellen. Brühe aufkochen, Essig, Senf, Salz und Zucker sowie einige Kartoffelscheiben zufügen und alles mit dem Mixstab pürieren, gebräunte Butter zufügen.

- Zwiebel in 2 EL Rapsöl glasig anschwitzen, Gurke mit Schale fein hobeln, ebenso die Radieschen. Nun sämtliche Zutaten in einer Schüssel zusammenfügen, mit dem Dressing verrühren und etwas ziehen lassen.

Tipp Das Radieschengrün, fein geschnitten, ist ein tolles Würzkraut.

Allergene Senf, Zutatenliste Brühe auf Allergene prüfen.

Mango-Avocado-Salat mit Löwenzahn

Löwenzahn selber sammeln

Mango-Avocado-Salat mit Löwenzahn

Frühling/vegetarisch
Für 10 Kinderportionen • 20 Min.

4 EL gemischte Nüsse • 100 g junger Löwenzahn • 2 Mangos • 2 Avocados • 6 EL Rapsöl • 1 EL Zitronensaft • 2 TL Honig • Salz • Pfeffer

- Die Nüsse in der Pfanne ohne Fett bei mittlerer Hitze leicht anrösten.

- Junge Löwenzahnblätter gut waschen verlesen, grob hacken. Mangos längs am Kern entlang halbieren, Fruchtfleisch längs und quer bis zur Schale einschneiden, Mangohälfte umstülpen (wie ein Igel) und die Würfel mit dem Messer auslösen. Avocadokerne auslösen, mit dem Teelöffel Flocken ausstechen oder die Avocado schälen und in Scheiben schneiden.

- 1 EL der gerösteten Walnüsse fein hacken. Rapsöl, Zitronensaft und Honig mit dem Schneebesen verrühren, gehackte Walnüsse zufügen, mit Salz und Pfeffer abschmecken. Löwenzahn, restliche Walnüsse, Mango und Avocado mischen und mit dem Dressing marinieren.

Für kleine Helfer Löwenzahn pflücken

Variante Statt Löwenzahn eignet sich auch Romanasalat oder Rucola.

Tipp Der Löwenzahn kann selbst auf einer (unbedenklichen) Wiese gesammelt werden.

Allergene Nüsse

Rosenkohl mal anders

Rosenkohlsalat mit Äpfeln

Herbst/Winter
Für 10 Kinderportionen • 40 Min.

1 kg Rosenkohl • 2 säuerliche Bio-Äpfel (z. B. Boskop, Cox Orange) • 2 EL Zucker • 2 EL Butter • 1 Zimtstange • 6 EL Rapsöl • 2 EL Sahne • 2 Limetten • 2 TL Honig • Salz • Pfeffer • 2 Scheiben grobes Vollkornbrot • 1 EL Rapsöl

- Rosenkohl putzen und entblättern (großzügig den Strunk entfernen, dann geht es ganz leicht). Blätter 5 Minuten dämpfen. Apfel entkernen (ggf. schälen) und in Scheiben schneiden. Zucker und Butter in einer beschichteten Pfanne schmelzen, Zimtstange zufügen und Apfelscheiben 4 – 5 Minuten karamellisieren, anschließend auskühlen lassen, Zimtstange entfernen.

- Aus Rapsöl, Sahne, Limettensaft, Honig, Salz und Pfeffer mit dem Schneebesen ein Dressing mixen.

- Vollkornbrot klein würfeln und in Rapsöl kross braten. Rosenkohlblätter und Äpfel mit dem Dressing mischen, zum Servieren mit Vollkornbrotwürfeln bestreuen.

Variante Statt Vollkornbrot schmecken auch ausgebratene Speckwürfel.

Allergene Gluten, Milcherzeugnis

Der Alleskönner

Allrounder-Dressing

ganzjährig/vegetarisch
Mittelgroße Schüssel • 5 Min.

4 EL Raps- oder Olivenöl • 1 EL Zitronensaft • Limettensaft oder Essig • 1 TL Senf • 1 TL Honig • Salz • Pfeffer • gehackte Kräuter nach Belieben, z. B. Dill, Petersilie, Schnittlauch

- Alle Zutaten vermengen.

Allergene Senf

Perfekt für den Sommer

Orangen-Dressing

ganzjährig/vegetarisch
Mittelgroße Schüssel • 5 Min.

4 EL Rapsöl • 1 kleine Bio-Orange (Saft, 1 TL Abrieb) • 1 EL Zitronensaft • 1 TL Senf • 1 TL Vanillezucker • Salz • Pfeffer

- Alle Zutaten vermengen.

Allergene Senf

Der Fruchtikuss

Himbeer-Dressing

ganzjährig/vegetarisch
Mittelgroße Schüssel • 5 Min.

100 g Himbeeren, püriert, durch ein Sieb gestrichen • 4 EL Rapsöl • 2 EL weißer Balsamico-Essig • Salz • Pfeffer

- Alle Zutaten vermengen.

Für Salate mit Putenstreifen

Curry-Joghurt-Dressing

ganzjährig/vegetarisch
Mittelgroße Schüssel • 5 Min.

1 Bio-Limette (Saft, Abrieb) • 2 EL Rapsöl • 2 TL Currypulver • 200 g Naturjoghurt • 1 TL Zucker • Salz • Pfeffer

- Alle Zutaten vermengen.

Allergene Milcherzeugnis, Senf (Senfsamen evtl. im Currypulver)

Nordisch frisch

Sylter-Dressing

ganzjährig/vegetarisch
Mittelgroße Schüssel • 5 Min.

100 ml Sahne • 1 EL Schmand • ½ TL Salz • 1 Msp. weißer Pfeffer • 1 EL Rapsöl • 2 EL Obstessig • 1 kleine Zwiebel, gerieben • 1 TL Zucker • 1 TL Zitrone • frisch gehackter Dill nach Belieben

- Alle Zutaten vermengen.

Allergene Milcherzeugnis

Für orientalische Salate

Joghurt-Minz-Dressing

ganzjährig/vegetarisch
Mittelgroße Schüssel • 5 Min.

1 Limette (Saft, Abrieb) • 4 Stängel Pfefferminze • gezupft und fein gehackt • 75 g Naturjoghurt • 150 g Buttermilch • 2 Prisen Zucker • Salz • Pfeffer

- Alle Zutaten vermengen.

Allergene Milcherzeugnis

Dressings für jeden Geschmack

Geht immer

Italienischer Tomatensalat

Sommer/vegetarisch

Für 10 Kinderportionen • 15 Min. + Zeit zum Ziehen

2 kg reife Rispentomaten • 5 Stangen junger Staudensellerie • 2 Schalotten • gehacktes Selleriegrün • 10 EL Olivenöl • 3 Lorbeerblätter • 6 EL Obstessig • 2 TL Zucker • Salz • Pfeffer

- Tomaten achteln, Staudensellerie in dünne Scheiben schneiden. Schalotte in dünne Ringe schneiden. Salatzutaten mit dem Selleriegrün mischen.
- Dressingzutaten mit dem Schneebesen verrühren und über den Salat geben. Am besten mindestens 1 Stunde ziehen lassen, Lorbeerblatt entfernen und servieren.

Variante Statt des Selleriegrüns eignet sich auch Basilikum oder Petersilie.

Allergene Sellerie

Erfrischend an heißen Tagen

Melone-Gurken-Salat

Sommer/vegetarisch

Für 10 Kinderportionen • 15 Min. + Zeit zum Ziehen

2 Bio-Salatgurken • 2 süße Melonen (z. B. Honigmelone, Galia) • 5 Stängel Minze • 1 Zitrone (Saft) • 1 Bund Rucola • Salz • 1 TL bunter Pfeffer • 6 EL Raps- oder Olivenöl

- Salatgurken längs halbieren, entkernen und in Scheiben schneiden. Melone halbieren, die Kerne entfernen und mit einem Kugelausstecher (oder Teelöffel) das Fruchtfleisch auslösen. Gurke und Melone mit der gehackten Minze und dem zerkleinerten Rucola mischen.
- Für das Dressing mit dem Schneebesen verrühren und zufügen, 30 Minuten ziehen lassen.

Tipp Schmeckt am besten gekühlt.

Ruhig mal ausprobieren

Heringssalat »spezial«

ganzjährig

Für 10 Kinderportionen • 45 Min.

5 Kartoffeln • 4 kleine Rote-Bete-Knollen (vorgekocht) • 1 Salatgurke • 5 Gewürzgurken • 2 säuerliche Äpfel • 2 Zwiebeln • 5 ganze, milde Matjesheringe • 200 ml Sahne • 2 EL Schmand • 1 TL Salz • weißer Pfeffer • 2 EL Rapsöl • 4 EL Essig • 1 kleine geriebene Zwiebel • 2 TL Zucker • 2 Spritzer Zitrone • gehackter frischer Dill nach Belieben

- Kartoffeln dämpfen, auskühlen lassen und in Stücke schneiden.
- Rote Bete würfeln, Salatgurke längs in Scheiben, dann in Streifen schneiden und ebenfalls würfeln, ebenso die Gewürzgurken. Äpfel entkernen, vierteln und in sehr feine Scheiben schneiden, Zwiebeln ebenfalls in Scheiben schneiden, Matjeshering in mundgerechte Stücke schneiden. Alle Zutaten nacheinander auf einem Teller oder in einer flachen Schüssel gleichmäßig verteilt anrichten.
- Für das Dressing alle restlichen Zutaten miteinander verrühren und über den Salat geben.

Allergene Fisch, Milcherzeugnis, Senf (evtl. in Gurkensud)

Heringssalat »spezial«

Fruchtsalat

Auf die Mischung kommt es an

Fruchtsalat

Sommer/vegetarisch
Für 10 Kinderportionen • 30 Min.

400 g Weintrauben oder Süßkirschen • 10 Aprikosen • 5 Nektarinen • 1 Honigmelone • 2 EL gehackte Minze oder Zitronenmelisse • 4 EL Honig • 2 Limetten • 8 EL Wasser • 4 EL Zucker • 100 g gemischte Nüsse

• Obst verlesen, waschen und entsteinen, nach Belieben zerkleinern. Obst mit der Minze mischen.

• Honig und Limettensaft mit dem Schneebesen verrühren, über den Salat geben und verrühren, etwas ziehen lassen. Wasser und Zucker erhitzen, Nüsse dazugeben und unter Rühren karamellisieren. Auskühlen lassen und grob gehackt als Topping über den Salat streuen.

Variante Die Minze kann auch separat zum Salat gereicht werden.

Tipp Der Fruchtsalat kann auch als Topping für alle süßen Quark- oder Joghurtspeisen verwendet werden. Erhitzt und mit etwas Stärkesud vermischt, lässt sich aus dem Fruchtsalat auch eine schnelle bunte Grütze herstellen.

Allergene Nüsse

Mit tollem Orangendressing

Apfel-Sellerie-Salat

ganzjährig/vegetarisch
Für 10 Kinderportionen • 35 Min.

250 g Knollensellerie • 4 kleine Bio-Äpfel • etwas Zitronensaft • 6 EL Walnüsse • 4 Stangen junger Staudensellerie • 2 Handvoll kernlose Weintrauben • 300 g junger Gouda • 8 EL Mayonnaise • 8 EL Naturjoghurt • 1 Bio-Orange • Salz • Pfeffer

• Knollensellerie und Äpfel (entkernt) in sehr feine Streifen schneiden, Apfelstreifen mit etwas Zitronensaft beträufeln. Die Selleriestreifen in heißem Wasser kurz blanchieren.

• Walnüsse in einer Pfanne ohne Fett leicht anrösten, auskühlen lassen und grob hacken. Staudensellerie klein schneiden, Trauben halbieren, Käse in Würfel schneiden. Alles mit den Walnüssen vermischen, zum Schluss Knollensellerie und Apfel zufügen.

• Für das Dressing Mayonnaise und Joghurt vermischen, 2 TL Orangenabrieb und Saft einer ganzen Orange zufügen, mit Salz und Pfeffer abschmecken. Salat schichtweise in Gläser füllen und jede Schicht mit etwas Dressing bedecken.

Variante Neben Gouda eignen sich auch viele andere Käsesorten – ausprobieren!

Allergene Sellerie, Milcherzeugnis, Nüsse, Zutatenliste für Mayonnaise auf Allergene prüfen

GEMÜSE

Herzhaft mediterran

Ofen-Omelette mit Feta & Zucchini

ganzjährig

Für 10 Kinderportionen • 35 Min.

10 große Eier • 100 ml Milch • Salz • Pfeffer • 3 – 4 kleine Zucchini • 8 EL Rapsöl • 3 Frühlingszwiebeln • 100 g Feta • 8 Scheiben gekochter Schinken

- Ofen auf 180 °C vorheizen.

- 4 Eier trennen, restliche Eier und die 4 Eigelbe mit der Milch verquirlen, salzen und pfeffern. Eiklar mit dem Handmixer nicht ganz steif schlagen und mit dem Schneebesen unter die Eimasse ziehen.

- Zucchini mit dem Sparschäler in dünne Scheiben hobeln. Öl in eine Pfanne geben, klein geschnittene Frühlingszwiebel anschwitzen, Zucchini-Scheiben dazugeben. Mit der Eimasse übergießen, gebröselten Feta darüber streuen und für ca. 15 Minuten in den Ofen stellen, bis das Ei gestockt ist.

- Schinken in Streifen schneiden und über das fertige Omelett verteilen.

Variante Statt Feta eignet sich auch geriebener Käse wie Gouda oder Mozzarella.

Tipp Bei der Zubereitung am besten 2 kleine oder eine große Pfanne verwenden.

Allergene Milcherzeugnis, Gluten (evtl. in Schinken), Ei

Gemüse an Bord

Zucchini-Bulgur-Schiffchen

Sommer/vegetarisch

Für 10 Kinderportionen • 45 Min.

5 mittelgroße Zucchini • 2 kleine Auberginen • 2 Schalotten • 2 gelbe Paprika • 2 rote Paprika • 2 TL Zucker • 5 EL Rapsöl • 2 Stängel Zitronenthymian • 3–4 TL Tomatenmark • Salz • Pfeffer • ca. 500 ml Gemüsebrühe • 1 Bio-Zitrone oder -Limette • 200 g Bulgur • 40 g Butter in Flocken • 200 g geriebener Gouda • 2 Stängel Petersilie • 500 ml Naturjoghurt • 2 Stängel Minze

- Ofen auf 200 °C vorheizen.

- Zucchini längs halbieren, mit einem Teelöffel aushöhlen. Aubergine, Schalotten und Paprikas fein würfeln, mit Zucker bestreuen und in 4–5 EL Rapsöl andünsten. Fein gehackten Zitronenthymian und Tomatenmark zufügen, alles bissfest garen und mit Salz und Pfeffer abschmecken.

- Gemüsebrühe aufkochen, Saft und 1 TL Schalenabrieb von 1 Zitrone zufügen, Bulgur einrieseln lassen und garen. Kurz vor Ende der Garzeit Butter zufügen.

- Heißen Bulgur mit dem Gemüse und dem Käse mischen und auf die Zucchinihälften verteilen. Auf einem Backblech 20 Minuten überbacken. Zum Servieren den Joghurt mit feingehackter Minze mischen, leicht salzen und als Dip dazu reichen.

Das passt dazu Frischer, grüner Salat

Allergene Gluten, Milcherzeugnis, Zutatenliste der Brühe auf Allergene prüfen.

Einfach & gut

Baguette-Auflauf mit Tomaten und Pilzen

ganzjährig

Für 10 Kinderportionen • 50 Min.

600 g Vollkornbaguette • Olivenöl zum Braten • 2 Knoblauchzehen • 8 Tomaten • 10 große Champignons • Butter für die Form • 60 g grob gehackte Walnüsse • 500 ml Milch • 4 Eier • 4 Stängel Zitronenthymian • 300 g geriebener Bergkäse • Salz • Pfeffer

- Ofen auf 200 °C vorheizen.

- Brot in 1 cm dicke Scheiben schneiden, diese nacheinander in einer großen Pfanne jeweils mit etwas Olivenöl hell anrösten. Knoblauchzehe halbieren, mit der Schnittfläche leicht über die angerösteten Brotscheiben streichen. Tomaten und Champignons in ca. 1 cm dicke Scheiben schneiden. Eine feuerfeste Backform gut einfetten.

- Brotscheiben, Tomaten und Pilze im Wechsel (schuppenartig) in die Form schichten und mit den Walnüssen bestreuen. Milch, Eier, fein gehackte Kräuter und Käse verquirlen, salzen und pfeffern. Den Guss in die Form gießen und 30 Min. backen.

Tipp Auf zwei Backformen verteilen.

Allergene Gluten, Nüsse, Milcherzeugnis, Ei

Baguette-Auflauf mit Tomaten und Pilzen

Für kleine Hochstapler

Auberginen-Halloumi-Türmchen mit Minzjoghurt

Sommer/vegetarisch

Für 10 Türmchen • 45 Min.

2 Auberginen • Salz • Pfeffer • 4 EL Mehl • Rapsöl zum Braten • 750 g Halloumi-Käse • 5 Tomaten • 2 Dosen (à 800 g) gekochte Kichererbsen • Salz • Pfeffer • Rapsöl • 2 Zitronen • 1 TL Zucker • 1 Bund Petersilie • 1 kg Naturjoghurt • 2 EL gehackte Minze

- Ofen auf 100 °C vorheizen.

- Auberginen in Scheiben schneiden, salzen und pfeffern, dann in Mehl wenden und abklopfen. Schließlich in Rapsöl bei mittlerer Hitze nacheinander goldbraun ausbraten, auf Küchenkrepp abtropfen lassen und im Ofen warm halten. Halloumi in Scheiben schneiden, ohne (oder mit nur wenig) Fett in einer beschichteten Pfanne bräunen, ebenfalls im Ofen warm halten. Tomaten in Scheiben schneiden.

- Kichererbsen abgießen und in eine Schüssel geben. Mit Salz, Pfeffer, Rapsöl, Zitronensaft, etwas Zitronenabrieb, Zucker und frisch gehackter Petersilie abschmecken.

- Für den Joghurtdip den Naturjoghurt mit frisch gehackter Minze verrühren und mit Salz abschmecken.

- Zum Servieren die Auberginen- und Tomatenscheiben und Halloumi zu Türmchen zusammensetzen. Kichererbsensalat und Minzjoghurt dazureichen.

Variante Anstelle von Halloumi kann auch Mozzarella (ungebraten) verwendet werden. Die Kichererbsen schmecken auch, mit Sauerrahm vermischt, als Mus.

Allergene Gluten, Milcherzeugnis

Gesunde Kinderüberraschung

Gemüsebonbon

Sommer/vegetarisch

Für 10 Kinderportionen • 1 Std.

5 Stangen junger Staudensellerie • 300 g Schalotten • 4 Maiskolben (vorgegart) • 3 mittlere Zucchini • 800 g kleine Kartoffeln • 800 g Romanesco • 4 EL Butter • 500 g Kirschtomaten • 4 EL Olivenöl • 2 TL Zucker • 2 Zitronen • Salz • Pfeffer • 4 Stängel Zitronenthymian • 500 g Quark (20 %) • 400 ml Sauerrahm • 2 EL gehackte Minze oder Petersilie

- Backofen auf 200 °C vorheizen.

- Staudensellerie schräg in ca. 5 cm lange Stücke schneiden, Schalotten schälen, vierteln, dann zusammen mit dem Sellerie 2 Minuten blanchieren. Maiskolben in 2 cm breite Scheiben schneiden. Zucchini, längs halbieren, dann schräg in 2 cm breite Stücke schneiden. Kartoffeln schälen und in mundgerechte Stücke schneiden. Romanesco in kleine Röschen zerteilen. Die Butter in einem Topf schmelzen und leicht braun werden lassen.

- Das gesamte Gemüse in einer Schüssel mit Tomaten, Olivenöl, Butter, Zucker, Zitronensaft, Salz, Pfeffer und fein gehacktem Thymian vermischen.

- 10 Stücke Backpapier auslegen und das Gemüse darauf verteilen, wie ein großes Bonbon verschließen, Enden mit Küchengarn verknoten. Gemüsepäckchen auf ein Backblech legen und im Ofen 40 Minuten backen. Quark, Sauerrahm und Minze verrühren, leicht salzen. Gemüse direkt im Papier mit Kräuterquark servieren.

Variante Gemüse kann nach Belieben variiert werden.

Allergene Milcherzeugnis, Sellerie

Jede Mühe wert

Parmesan-Pfannkuchen mit Gemüsestreifen

Sommer/vegetarisch

Für ca. 10 Pfannkuchen • 45 Min.

400 g Naturjoghurt • 2 EL gehackte Petersilie • 2 EL Olivenöl • Salz • Pfeffer • 2 Bund Schnittlauch • 4 EL Rapsöl • etwas Zitronensaft • 8 Möhren • 2 große Fenchelknollen • 1 Bund grüner Spargel • 2 kleine Zucchini • Olivenöl zum Marinieren • Zucker • 400 g Mehl • 60 g geriebener Parmesan • 2 TL Backpulver • 6 Eier • 400 ml Milch • Rapsöl zum Braten

- Backofen auf 180 °C vorheizen.
- Joghurt mit Petersilie und 2 EL Olivenöl verrühren, mit Salz und Pfeffer würzen.
- Schnittlauch grob hacken, mit 4 EL Rapsöl mischen, fein pürieren und mit etwas Salz und einem Spritzer Zitrone abschmecken.
- Das Gemüse mit einem Sparschäler in feine Streifen schneiden, in etwas Olivenöl marinieren. Auf ein mit Backpapier ausgelegtes Backblech geben, mit Salz und Pfeffer würzen und einer Prise Zucker bestreuen, ca. 10–15 Minuten backen, bis es bissfest ist.
- Aus Mehl, Parmesan, Backpulver, Eiern und Milch einen Teig anrühren. In einer leicht gefetteten Pfanne kleine Pfannkuchen ausbacken. Zum Servieren auf jeden Pfannkuchen etwas Kräuter-Joghurt geben, Gemüse auftürmen, mit Schnittlauchöl beträufeln.

Allergene Gluten, Ei, Milcherzeugnis

Gemüse satt

Kartoffel-Bohnen-Stampf mit Kohlrabi-Pflanzerl

Sommer

Für 10 Kinderportionen • 1 Std.

500 g Kartoffeln • 800 g grüne Bohnen • Zitronensaft • 30 g Butter • Salz • Pfeffer • 6 Stängel Minze • 4 altbackene Brötchen • 360 ml Milch • 2 gewürfelte Zwiebeln • 2 gepresste Knoblauchzehen • 1 EL Butter • 600 g grob geraspelten Kohlrabi • 200 g gekochter Schinken • 2 Eier • Salz • Pfeffer • Muskatnuss • Rapsöl zum Braten

- Geschälte Kartoffeln grob zerteilen, Bohnen putzen, beides weich dämpfen. Die Bohnen anschließend mit einem Spritzer Zitronensaft und 30 g Butter pürieren. Die Kartoffeln mit einer Gabel zerdrücken. Dann beides miteinander vermischen, mit Salz, Pfeffer und gehackter Minze abschmecken.
- Für die Pflanzerl die Brötchen in dünne Scheiben schneiden und in Milch einweichen. Zwiebeln und Knoblauch in 1 EL Butter glasig dünsten. Kohlrabiraspeln salzen, anschließend etwas wässern lassen. Schinken hacken oder sehr klein würfeln.
- Kohlrabi und Brötchen ausdrücken, mit Schinken, Ei, Zwiebel und Knoblauch verkneten, dann mit Salz, Pfeffer und etwas Muskatnuss abschmecken. Nun kleine, flache Pflanzerl formen und in Rapsöl bei mittlerer Hitze auf jeder Seite 5 Minuten braten. Zusammen mit dem Kartoffel-Bohnen-Stampf servieren.

Allergene Gluten, Ei, Milcherzeugnis

Falafel-Pops mit Ayran

Arabische Spezialität

Falafel-Pops mit Ayran

ganzjährig

Für 10 Kinderportionen (ca. 20 Pops) • 1¼ Std.

2 gewürfelte Zwiebeln • 3 gepresste Knoblauchzehen • 6 EL Rapsöl • 2 TL Korianderkörner • Salz • 2 Dosen Kichererbsen (à 800 g) • 2 Eier • 1 Bund Petersilie • 2 TL gemahlener Kreuzkümmel • 2 TL edelsüßes Paprikapulver • 2 TL Backpulver • Salz • Pfeffer • Sesamsamen zum Wälzen • Pflanzenöl zum Frittieren • Holzgabeln • Ayran (S. 172)

- Für die Falafelpops Zwiebeln und Knoblauch in Rapsöl anschwitzen. Korianderkörner ohne Fett in einer zweiten Pfanne anrösten, bis sie leicht duften, dann mit 1 TL Salz mörsern. Kichererbsen fein pürieren, verquirlte Eier, angeschwitzten Knoblauch und Zwiebeln, 1 Handvoll fein gehackte Petersilie, Korianderkörner, Kreuzkümmel, Paprikapulver und Backpulver zufügen und alles zu einer formbaren Masse vermengen (ggf. mit etwas Wasser oder Semmelbrösel ausgleichen), zum Schluss mit Salz und Pfeffer abschmecken.

- Frittieröl auf 170 °C erhitzen. Jeweils ca. 2 EL der Masse um eine Holzgabel herum formen, nach Belieben in Sesamsamen wälzen und ca. 5 Minuten frittieren. Auf Küchenkrepp abtropfen lassen. Mit Ayran, frischem Salat oder Couscous-Gemüse servieren.

Variante Ohne Holzgabeln klassisch als Kugeln frittieren.

Tipp Zur Herstellung der Pops eignet sich auch ein Fondue-Set.

Allergene Ei, Sesam, Gluten, Milcherzeugnis, Zutatenliste für Brühe auf Allergene prüfen.

Bremer Plockfinken

Seefahrereintopf

Herbst/laktosefrei

Für 10 Kinderportionen • 1 Std.

6 gewürfelte Zwiebeln • 2 EL Butter • 2 l Gemüsebrühe • 2 Dosen Dicke Bohnen (à 800 g) • 4 Scheiben durchwachsener Speck • 1 kg Kartoffeln • 1 kg Möhren • 4 TL Senf • Salz • Pfeffer • 5 EL Apfelessig • 5 Äpfel (Boskop oder Cox Orange) • 4 EL Butter • 2 Prise Zucker • 1 Bund Petersilie

- Zwiebeln in einem großen Topf in 2 EL Butter anschwitzen, mit Gemüsebrühe ablöschen und die abgetropften Riesenbohnen und den Speck dazugeben, 30 Minuten köcheln lassen. Kartoffeln und Möhren schälen, würfeln und 20 Minuten mitgaren. Den Speck herausnehmen, in mundgerechte Stücke schneiden.

- Gemüse mit Senf, Salz, Pfeffer und Essig abschmecken, bei kleiner Hitze ziehen lassen. Äpfel entkernen, ggf. schälen und in Scheiben schneiden, dann in 4 EL ausgelassener Butter und 2 Prisen Zucker ausbraten. Apfelscheiben herausnehmen und in demselben Fett die Speckstücke kross anbraten.

- Gemüse mit den Apfelscheiben und dem Speck servieren und mit etwas Petersilie bestreuen.

Variante Statt Speck kann auch mageres Kasseler oder Schäufele verwendet werden.

Allergene Senf, Milcherzeugnis, Zutatenliste für Brühe auf Allergene prüfen.

Geschmack braucht kein Fleisch

Chili con Bulgur

ganzjährig/vegetarisch
Für 10 Kinderportionen • 45 Min.

2 TL Koriandersamen • 400 ml Tomatensaft • 250 g Bulgur • 4 gewürfelte rote Zwiebeln • 5 gepresste Knoblauchzehen • 4 – 5 gewürfelte Möhren • 2 TL edelsüßes Paprikapulver • 5 – 6 EL Tomatenmark • 4 EL Rapsöl • 3 gewürfelte Paprikaschoten (bunt) • 250 g in Scheiben geschnittene Champignons • 1 gestrichener EL gemahlener Kreuzkümmel • 750 ml Gemüsebrühe • 1200 g Tomaten (Dose) • 600 g Kidneybohnen (Dose) • 600 g Kichererbsen • 1 Bund Petersilie • Salz • Pfeffer • 250 g Sauerrahm

- Die Koriandersamen ohne Fett in der Pfanne anrösten, anschließend in einen Mörser geben, grob vermahlen und beiseitestellen. Tomatensaft leicht erhitzen, Bulgur in eine Schüssel füllen und mit dem Tomatensaft übergießen, 25 Minuten quellen lassen.

- Zwiebeln, Knoblauch, Möhren, Paprikapulver und Tomatenmark in Rapsöl anschwitzen, gewürfelte Paprika, Champignons, Koriandersamen und Kreuzkümmel zufügen, kurz mitrösten, dann mit Gemüsebrühe, Tomaten, abgegossenen Kidneybohnen und Kichererbsen auffüllen.

- Sobald das Chili aufkocht, den eingeweichten Bulgur locker untermischen und weitere 15 Minuten leicht köcheln lassen. Ganz zum Schluss die gehackte Petersilie zufügen, mit Salz und Pfeffer abschmecken. Zum Servieren den Sauerrahm in einem Extraschälchen dazustellen.

Variante Koriandergrün statt Petersilie gibt dem Chili noch einen besonderen Aromakick.

Allergene Gluten, Milcherzeugnis

Erbsen und Möhren neu kombiniert!

Möhren-Parmesan-Puffer mit Erbsenpüree

ganzjährig/vegetarisch
Für 10 Kinderportionen • 50 Min.

1 kg Möhren • 200 g Mehl • 120 g frisch geriebener Parmesan • 6 Eier • 300 g Schmand • 4 TL gemahlene Mandeln • etwas Muskatnuss • Salz • Pfeffer • Rapsöl zum Braten • 600 g Erbsen (TK) • 100 g Crème fraîche • 2 EL fein gehackter Schnittlauch • 1 EL fein gehackte Petersilie

- Ofen auf 120 °C vorheizen.

- Möhren schälen und raspeln. Mehl, Parmesan, Eier, Schmand, gemahlene Mandeln und etwas Muskatnuss vermengen, mit Salz und Pfeffer würzen, dann mit den geraspelten Möhren vermengen.

- Rapsöl in einer Pfanne erhitzen. Je 2 – 3 EL der Masse in die Pfanne geben und zu Puffern formen, von jeder Seite 4 Minuten bei mittlerer Hitze braten. Die Puffer im Ofen warm halten.

- Erbsen 5 Minuten in Salzwasser garen, gut ausdämpfen lassen. Anschließend mit dem Pürierstab pürieren, mit Crème fraîche und den Kräutern verfeinern und mit Salz und Pfeffer abschmecken. Aus den Möhrenpuffern mit einem umgedrehten Glas Taler ausstechen und im Wechsel mit dem Erbspüree zu Türmchen aufschichten.

Für kleine Helfer Taler aus den Puffern ausstechen (ggf. anschließend noch mal erwärmen).

Variante Anstatt mit Crème fraîche können die Erbsen auch mit Sauerrahm verfeinert werden.

Allergene Milcherzeugnis, Nüsse, Ei

Möhren-Parmesan-Puffer mit Erbsenpüree

Alle guten Gaben

Wenn draußen die Blätter fallen und der Herbst seinen Strohhut an den Nagel gehängt hat, finden sich Kürbis, Äpfel & Co. in vielen Formen auf unseren Tellern. Jetzt haben sie Saison. Danke, Sommer, dass du alles so schön hast wachsen lassen!

Nur wenige Zutaten!

Gefüllte Backofenkartoffeln

Sommer/vegetarisch

Für 10 Kinderportionen • 1½ Std.

10 große Backofenkartoffeln • 5 fein geschnittene Frühlingszwiebeln • 250 ml Sauerrahm • 450 g kräftiger Bergkäse • Salz • Pfeffer

- Die Kartoffeln mit einer Gabel anstechen und bei 180 °C ca. 1 Stunde im Ofen garen (je nach Größe).

- Etwas abkühlen lassen, dann das obere Drittel abschneiden und die Kartoffel mit einem Löffel vorsichtig aushöhlen. Frühlingszwiebeln mit dem ausgestochenen Kartoffelinhalt, dem Sauerrahm und dem Käse vermischen, mit Salz und Pfeffer würzen und die Masse zurück in die Kartoffeln füllen.

- Kartoffeln bei 180 °C überbacken, bis sie gebräunt sind.

Das passt dazu Grüner Salat und Frühlingsquark zum Dippen

Allergene Milcherzeugnis

Raffiniert mit Pflaumen & Birnen

Herbstlicher Pesto-Nudelsalat

Herbst/vegetarisch

Für 10 Kinderportionen • 40 Min.

50 g Walnüsse • 50 g eingelegte, getrocknete Tomaten • 250 ml Oliven- oder Rapsöl • 1 Bund Basilikum • 1 TL Zucker • 60 g geriebener Parmesan • Salz • 400 g kurze Pasta (z. B. Penne) • 5 feste Pflaumen • 2 kleine Birnen • 15 Kirschtomaten • 4 EL Pinienkerne • etwas Zimt

- Für das Pesto Walnüsse, getrocknete Tomaten, Öl, Basilikum und Zucker in ein hohes Gefäß füllen und pürieren, den Parmesan untermischen, mit Salz abschmecken.

- Nudeln in Salzwasser bissfest garen, mit dem Pesto mischen, mit Salz abschmecken, auskühlen lassen.

- Pflaumen, Birnen und Tomaten nach Belieben zerkleinern und mit den Nudeln locker durchmischen, Pinienkerne kurz in der Pfanne ohne Fett anrösten und über den Salat geben. Zum Schluss mit einer Spur Zimt bestreuen.

Allergene Gluten, Nüsse, Milcherzeugnis, Schwefeldioxid (evtl. in getr. Tomaten)

Liebeserklärung an der Herbst

Kürbis-Risotto

Herbst/vegetarisch
Für 10 Kinderportionen • 45 Min.

500 g Kürbispüree (z. B. 1 Hokkaido-Kürbis ca. 800 g) • 2,4 l Gemüsebrühe • 2 gewürfelte kleine Zwiebeln • 2 gepresste Knoblauchzehen • 8 EL Rapsöl • 750 g Risotto-Reis • 2 Lorbeerblätter • 4 EL Butter • 8 EL geriebener Parmesan • Salz • Pfeffer • 4 gezupfte, gehackte Stängel Petersilie • etwas Kürbiskernöl

- Kürbisfleisch in Würfel schneiden und in einer leichten Gemüsebrühe ca. 20 Minuten dünsten. Gut ausdämpfen lassen, anschließend pürieren.

- Brühe für das Risotto erhitzen und auf kleiner Flamme warm halten. Zwiebel und Knoblauchzehe in Öl glasig dünsten, Risotto-Reis und Lorbeerblätter zufügen und 2 Minuten mit anschwitzen. Mit Brühe angießen, bis der Reis gerade bedeckt ist. Sobald die Brühe fast vom Reis aufgesogen ist, wieder Brühe zugießen und rühren. Nach ca. 15 Minuten das Kürbispüree untermischen, 5 Minuten weiter garen.

- Butter in einer Pfanne schmelzen, leicht bräunen und mit Parmesan und Petersilie unter das Risotto mischen. Mit Salz und Pfeffer abschmecken, Lorbeerblätter wieder entfernen. Zum Servieren nach Geschmack mit etwas Kürbiskernöl besprenkeln.

Variante Passt auch gut zu Bratwurst.

Tipp Hokkaidokürbis immer mit Schale zubereiten.

Allergene Milcherzeugnis, Gemüsebrühe auf Allergene prüfen.

Äpfel aus dem Ofen

Apfelauflauf

ganzjährig/vegetarisch
Für 10 Kinderportionen • 1 Std.

6–7 Äpfel (ggf. geschält) • 1 TL Zimt • 6–7 Rosinenbrötchen (in 1 cm dicke Scheiben geschnitten) • Butter für die Form • 8 Eier • 200 g Zucker • 4 Tütchen Vanillezucker • 400 ml Milch • 60 g Butter • 6 EL Rohrzucker • Puderzucker zum Bestäuben

- Ofen auf 180 °C vorheizen.

- Äpfel waschen, Kerngehäuse entfernen und halbieren. Anschließend in 1 cm dicke Scheiben schneiden und mit dem Zimt mischen. Äpfel- und Rosinenbrötchenscheiben abwechselnd in eine mit Butter gefettete Auflaufform schichten.

- Eier, Zucker, Vanillezucker und Milch verquirlen und in die Form gießen. Butter in Flöckchen darüber geben und mit Rohrzucker bestreuen. 40 Minuten backen, mit Puderzucker bestäuben.

Für kleine Helfer Rosinenbrötchen und Äpfel einschichten.

Variante Statt der Äpfel eignen sich ebenso feste Birnen.

Allergene Milcherzeugnis, Gluten, Schwefeldioxid (falls Rosinen geschwefelt), Ei

Mit herzhaften Röstaromen

Gemüse vom Blech

Sommer/vegetarisch

Für 10 Kinderportionen • 1 Std.

3 Zwiebeln • 4 kleine Zucchini • 3 Auberginen • 6 Stangen Staudensellerie • 1,5 kg Kartoffeln • je 2 Stängel Rosmarin, Thymian, Oregano • 3 Knoblauchzehen • 150 ml Olivenöl oder Rapsöl • 2 EL Zucker • 2 Bio-Zitronen • etwa 1 EL Salz

● Ofen auf 200 °C vorheizen. Das Gemüse in mundgerechte Stücke schneiden, mit den Kräutern, den Knoblauchzehen, Öl, Zucker und Zitronensaft mischen und auf einem Blech verteilen.

● 45 – 50 Minuten garen, zwischendurch das Gemüse etwas bewegen, ggf. in den letzten 5 Minuten Grillfunktion einschalten. Erst zum Schluss salzen. Kräuterstängel wieder entfernen.

Variante Das Gemüse kann beliebig variiert werden.

Allergene Sellerie

Sanft im Geschmack

Kohlrabigemüse

Sommer/vegetarisch

Für 10 Kinderportionen • 35 Min.

8 kleine Kohlrabiknollen à ca. 300 g • 4 EL Butter • Salz • 600 ml Sahne • etwas Zitronensaft • etwas Zucker • Pfeffer • Muskatnuss • 1 Bund Kerbel oder Petersilie

● Kohlrabigrün entfernen, beiseitelegen. Die Knollen schälen und in grobe Streifen schneiden.

● Butter schmelzen, Kohlrabi, 80 ml Wasser und 2 TL Salz zufügen und 15 Minuten garen. Mit Sahne auffüllen, klein geschnittenes Kohlrabigrün zufügen, weitere 5 Minuten köcheln lassen und mit Zitronensaft, Zucker, Salz, Pfeffer und Muskatnuss abschmecken. Mit klein gehackter Petersilie oder Kerbel bestreuen.

Das passt dazu Frikadellen (Bratwurst-Frikadellen (S. 105)) und Petersilienkartoffeln, Putenbrust, Schweinefilet

Variante Die Hälfte der Sahne kann durch Milch ersetzt werden.

Allergene Milcherzeugnis

Ach, du lieber Kohl

Kohl-Variationen

Herbst

Für 10 Kinderportionen • 30 Min.

1,5 kg Kohl (Rosenkohl, Blumenkohl, Brokkoli oder Romanesco) • Salz • Rapsöl oder Butter • Zitronensaft • Muskatnuss • Paprika- oder Currypulver • Petersilie

● Kohl ca. 20 Minuten in Salzwasser dämpfen.

● Erst anschließend salzen und mit etwas Öl oder flüssiger Butter bepinseln, Gewürze und Petersilie darüberstreuen. Gegarter Kohl kann ggf. auch noch in etwas Öl in der Pfanne angebraten werden.

Variante Wird der Kohl gekocht, eignet sich anstelle von Salzwasser auch eine leichte Gemüsebrühe.

Allergene ggf. Milcherzeugnis, ggf. Gluten

Kohl-Variationen

Wok-Gemüse

Bunt und gesund

Wok-Gemüse

ganzjährig/vegetarisch
Für 10 Kinderportionen • 25 Min.

8 Möhren • 1 kg Brokkoliröschen oder grüner Spargel (oder halb/halb) • 350 g Zuckerschoten • 8 EL Raps- oder Erdnussöl • 350 g Champignons oder Shiitake-Pilze • 4 kleine Paprikaschoten • 2 mittelgroße Pak Choi (oder 150 g Mangold oder Spinat) • 6 Frühlingszwiebeln • 3 TL Zucker • 3 gepresste Knoblauchzehen • 3 EL geriebener Ingwer • 2 Orangen (Saft) • 100 ml Sojasauce • 200 g Mungobohnensprossen • Salz • Pfeffer

- In schräge Streifen geschnittene Möhren, Brokkoliröschen (bzw. Spargel) und halbierte Zuckerschoten 3 Minuten blanchieren.

- Öl in einem Wok erhitzen. Zerkleinerte Pilze, Paprika, Pak Choi und Frühlingszwiebeln 3 Minuten mit etwas Zucker anbraten, Knoblauch und Ingwer dazugeben, verrühren, dann mit Orangensaft und Sojasauce ablöschen. Blanchiertes Gemüse zufügen, bei geschlossenem Deckel in 1–2 Minuten fertig garen, zum Schluss die Sprossen zufügen und mit Salz und Pfeffer abschmecken.

Variante Das Gemüse in der Zusammensetzung kann variiert werden. Nach Geschmack gehackte Erdnüsse und/oder Kokosmilch zufügen.

Allergene Soja, ggf. Gluten in Sojasauce, ggf. Erdnuss (falls verwendet)

Beliebter Klassiker

Linsengemüse

ganzjährig/vegetarisch
Für 10 Kinderportionen • 45 Min.

500 g braune Linsen • 2 gewürfelte Zwiebeln • 5 gewürfelte Möhren • 1–2 Stangen Lauch • 4 EL Rapsöl • 2 EL Zucker • 6 EL Essig • 4 Stängel Thymian • Bohnenkraut oder Petersilie • Salz • Pfeffer

- Gewaschene Linsen nach Packungsangabe garen – noch nicht salzen.

- Zwiebel, Möhren und klein geschnittenen Lauch in Öl anschwitzen, zuckern und nach 2 Minuten mit Essig ablöschen, 5 Minuten köcheln lassen.

- Gegarte Linsen mit dem Gemüse und den fein gehackten Kräutern mischen, mit Salz und Pfeffer abschmecken, bei geschlossenem Deckel 10 Minuten ziehen lassen.

Das passt dazu Wiener Würstchen oder Spätzle. Als weitere fleischlose Alternativbeilage schmecken auch gebratene Champignons oder Austernpilze. Pro Person rechnet man ca. 100 g, die Pilze werden in Butter mit etwas Petersilie gebraten.

Variante Anstatt Linsen eignen sich auch andere Hülsenfrüchte wie Bohnen oder Kichererbsen.

Tipp Linsen verfügen über einen hohen Eiweiß- und Ballaststoffanteil und enthalten zudem viele komplexe Kohlenhydrate, was einen positiven Effekt auf den Blutzuckerspiegel hat.

KLEINIGKEITEN

Toast in Rollen

Überbackene Spargeltoasties

Frühling

Für 10 Kinderportionen • 45 Min.

1 kg grüner Spargel • 10 große Toastbrotscheiben (möglichst Vollkorn) • 10 Scheiben gekochter Schinken • 6 Eier • 4 Eigelbe • 1 fein gewürfelte Zwiebel • 200 ml Sahne • 300 ml Milch • 4 Stängel Zitronenthymian • Salz • Pfeffer • 100 g geriebener Gouda

- Ofen auf 200 °C vorheizen.

- Die Enden vom Spargel abschneiden, das letzte Drittel schälen, anschließend bissfest dämpfen oder dünsten.

- Toastscheiben mit dem Nudelholz platt rollen. Gekochten Schinken auf die Toasts legen und den Spargel darauf verteilen. Toasts aufrollen und so nebeneinander in eine gebutterte, in einer feuerfeste Form legen, dass das Rollenende nach unten weist.

- Eier, Eigelbe, Zwiebelwürfel, Sahne, Milch und gezupften Zitronenthymian verquirlen, salzen und pfeffern. Den Guss über die Toasties geben und mit Gouda bestreuen. Etwa 20 Minuten überbacken.

Variante Statt Zitronenthymian eignet sich auch Petersilie.

Allergene Gluten, Ei, Milcherzeugnis

Dessert für Genießer

Erdbeertiramisu im Glas

Sommer/vegetarisch

Für ca. 10 Kinderportionen • 20 Min. + Kühlzeit

3 EL gehackte Pistazien • 500 g Erdbeeren • 4 EL Zucker • 450 ml Milch • 1 Tütchen Vanillezucker • 2 Eier + 2 Eigelbe • 40 g Maismehl • 12 Löffelbiskuit • 1 Limette (Abrieb)

- 10 kleine Dessertgläser ausspülen.

- Pistazien und Erdbeerstücke mit 1 EL Zucker mischen, beiseitestellen.

- Milch nicht zu heiß erwärmen, Vanillezucker einrieseln lassen. Eier, Eigelbe und 2 EL Zucker in einem zweiten Topf mit dem Schneebesen kräftig verrühren, dabei das Maismehl einrieseln lassen, anschließend Vanillemilch dazugeben und unter Rühren erhitzen, bis die Masse eindickt, anschließend vom Herd ziehen.

- Die Löffelbiskuitstückchen auf die Dessertgläser verteilen, je 1 EL von der Erdbeer-Pistazien-Mischung darübergeben und mit der noch warmen Maiscreme auffüllen. Restliche Erdbeerstückchen verteilen, etwas Limettenabrieb darüber geben und für 1 Stunde in den Kühlschrank stellen.

Variante Statt der Maiscreme kann auch normaler Vanillepudding verwendet werden.

Allergene Gluten, Nüsse, Milcherzeugnis, Ei

Frecher Lecker-Snack

Quark-Gnocchi

ganzjährig/vegetarisch

Für 10 Kinderportionen • 1 Std. 20 Min.

1,5 kg Ricotta oder Magerquark • 6 Eigelbe • 3 TL Salz • 180 g geriebener Parmesan • 150 g Kartoffelpüree-Flocken • 150 g Hartweizengrieß • 150 g Butter zum Übergießen • gehackte Petersilie oder Basilikum zum Bestreuen

- Alle Zutaten für den Teig vermengen, 45 Minuten ruhen lassen.

- Auf einer gut bemehlten Arbeitsfläche lange Würste ausrollen (mit der Hand) und in ca. 2 cm breite Stücke zerteilen. Für die typischen Gnocchi-Riefen die Teigstücke mit leichtem Druck über die Zinken einer Gabel rollen.

- Die Gnocchi in leicht siedendem Salzwasser 2 – 3 Minuten ziehen lassen. Butter in einem Topf schmelzen. Zum Servieren Gnocchi auf Tellern verteilen, mit flüssiger Butter übergießen und nach Geschmack mit gehackten Kräutern bestreuen.

Für kleine Helfer Teig ausrollen und Teigstücke abstechen.

Variante Auch lecker mit gebratenen Salbeiblättchen

Allergene Gluten, Milcherzeugnis, Ei, Packungsangaben für Kartoffelpüree auf Allergene prüfen.

Quark-Gnocchi

Muzen – frittierte Quark-Nockerl

Nicht nur zur Karnevalszeit

Muzen – frittierte Quark-Nockerl

ganzjährig/vegetarisch

Für 25 – 30 Stück • 40 Min. + Ruhezeit

100 g weiche Butter • 120 g Zucker • 300 g Mehl • 250 g Magerquark • 2 Tütchen Vanillezucker • 1 Prise Salz • 2 Eier • 1 TL Backpulver • 1 Liter Rapsöl zum Frittieren • 75 g Zimtzucker zum Wälzen

- Butter und Zucker schaumig rühren, nach und nach die anderen Zutaten, dazugeben, bis ein zäher Teig entsteht.

- 30 Minuten im Kühlschrank ruhen lassen. Öl erhitzen (ca. 170 °C), mit zwei angefeuchteten Teelöffeln kleine Nocken vom Teig abstechen und portionsweise frittieren, bis sie rundherum goldbraun sind. Auf einem Kuchengitter abtropfen und erkalten lassen. In Zimtzucker wälzen.

Variante Die ausgekühlten Muzen können mittels Spritze noch mit Puddingcreme oder Fruchtgelee gefüllt werden.

Allergene Gluten, Milcherzeugnis, Ei

Österreichischer Klassiker

Kaiserschmarren

ganzjährig/vegetarisch

Für 10 Kinderportionen • 35 Min.

400 ml Milch • 240 g Mehl • 1 Prise Salz • 2 EL Sauerrahm • 8 Eier (getrennt) + 2 Eier • 150 g Zucker • 100 g Butterschmalz oder Rapsöl • Rosinen • einige Butterflöckchen • Puderzucker zum Bestäuben

- Backofen auf 200 °C vorheizen.

- Milch und Mehl glatt rühren, Salz zufügen, Sauerrahm, Eigelbe und Ei untermischen. 4 Eiklar steif schlagen, 100 g Zucker einrieseln lassen anschließend Eischnee vorsichtig unter den Teig ziehen.

- Butterschmalz oder Rapsöl in einer Pfanne (besser 2 Pfannen) erhitzen, Teig hineingießen, ggf. mit Rosinen bestreuen und 15 Minuten im Ofen backen (Unter-/Oberhitze). Kaiserschmarren auf dem Herd bei mittlerer Hitze grob zerteilen, mit dem restlichen Zucker bestreuen und Butterflocken untermischen.

Das passt dazu Obstkompott oder Vanilleeis

Allergene Gluten, Milcherzeugnis, Ei, Schwefeldioxid (falls Rosinen geschwefelt), Zutatenliste für Eis auf Allergene prüfen.

Gruselgewusel

Für ein Hexenmahl braucht es gar nicht viel, aber gut muss es schmecken – gerade Spukgespenster haben einen äußerst feinen Gaumen. Hier ein paar Ideen, was man aus Kürbis, Mais und Möhre im Handumdrehen zaubern kann. Schnell und gut mit Hexenhut …

Würzig wohltuend

Warmer Möhren-Apfel-Drink

Winter/vegetarisch

Für 10 Kinderportionen • 25 Min.

1 l Apfelsaft • 2 Zimtstangen • 4 Sternanis • 6 Kardamom-Kapseln • 1 Stängel Rosmarin • etwas Muskatnuss • 1 – 2 TL frisch geriebener Ingwer • 600 ml Möhrensaft • 2 TL Rapsöl • 1 TL Zimt

- Apfelsaft mit allen Gewürzen und dem Ingwer bei geschlossenem Deckel 2 Minuten aufkochen, Topf vom Herd nehmen, 10 Minuten ziehen lassen, anschließend durch ein Sieb abseihen.

- Möhrensaft und Rapsöl zufügen, in Gläser füllen und mit etwas Zimt bestreuen.

Tipp Durch das Rapsöl werden die Vitamine aus den Möhren für den Körper verwertbar.

Ein stimmiges Duo

Kürbis-Kartoffel-Gratin

Herbst/vegetarisch

Für 10 Kinderportionen • 1 Std.

1,2 kg geschälte Kartoffeln • 1,2 kg Kürbis (z. B. Hokkaido oder Butternuss) • etwas Butter für die Form • Salz • Pfeffer • Muskatnuss • 400 ml Sahne • 100 ml Milch • 2 große Eier • 1 Bio-Orange (2 TL Abrieb) • 400 g gewürfelte Mozzarella • 200 g Kürbiskerne • 60 g Butterflöckchen und Salz • 2 EL gehackter Zitronenthymian

- Ofen auf 170 °C vorheizen. Kartoffeln und Kürbis in feine Scheiben schneiden und schuppenartig in eine gebutterte feuerfeste Form schichten. Kräftig mit Salz, Pfeffer und etwas Muskatnuss würzen.

- Sahne, Milch, Ei und Orangenabrieb verquirlen, Mozzarellawürfel untermischen, vorsichtig in die Form gießen, mit Kürbiskernen bestreuen und Butterflöckchen belegen.

- Die Form für 40 Minuten in den Ofen stellen, zum Schluss hin mit Zitronenthymian bestreuen.

Allergene Milcherzeugnis, Ei

Leckerer Knabberspaß

Gebratene Maiskolben

Sommer/Herbst/vegetarisch

Für 10 Kinderportionen • 15 Min.

6 vorgegarte Maiskolben • 200 g weiche Butter • 2 TL Zucker oder Honig • 2 Zitronen (Abrieb) • 6 Stängel Zitronenthymian • Salz • Pfeffer

- Maiskolben in ca. 5 cm große Stücke schneiden. Butter in einer großen Pfanne schmelzen, Zucker, Zitronenabrieb und gezupften Thymian zufügen und die Maiskolbenstücke dazugeben.

- Maiskolben von allen Seiten bräunen, zum Schluss salzen und pfeffern.

Variante Zubereitung auch im Ofen (200 °C) oder auf dem Grill

Tipp Zum Servieren ggf. links und rechts Spießchen in die Stücke pieksen.

Allergene Milcherzeugnis

Da bleibt nichts übrig

Kürbis-Apfel-Stampf

Herbst/Winter/vegetarisch

Für 10 Kinderportionen • 35 Min.

8 EL Kürbiskerne • 2 Hokkaido-Kürbisse (je ca. 1 kg) • 4 kleine säuerliche Äpfel (z. B. Elstar, Cox Orange) • 50 g Butter • ca. 5 EL Milch • 2 TL Senf

- Kürbiskerne in einer Pfanne ohne Fett anrösten, auskühlen lassen und grob hacken.

- Hokkaido-Kürbis mit Schale zerteilen, entkernen und in Stücke schneiden, anschließend weich dämpfen oder in wenig Wasser dünsten. Äpfel schälen, entkernen und in Würfel schneiden.

- Butter in einer Pfanne schmelzen, Apfelstücke 7–8 Minuten dünsten. Ausgedämpftes Kürbisfleisch mit Milch und Senf zerstampfen, die Apfelstücke mit der Butter dazugeben und unterrühren. Mit Salz und Pfeffer abschmecken, mit zerhackten Kürbiskernen bestreuen.

Variante Mit etwas Kürbiskernöl verfeinern.

Allergene Milcherzeugnis, Senf

Schaurig lecker für Halloween

Mumien – Hot-Dog-Würstchen in Teig

Herbst

Für 10 Mumien • 50 Min.

Croissantteig (Fertigprodukt) • 10 Hot-Dog Würstchen • 10 Scheiben Sandwichkäse oder Gouda • Senf • Ketchup

- Ofen auf 180 °C vorheizen.

- Backblech mit Backpapier auslegen. Für die »Bandagen« Teig aus der Packung nehmen, entrollen und mit einem scharfen Messer in ca. 1 cm breite Streifen schneiden. Käsescheiben in der Mitte teilen, zwischen den Hälften das Hot-Dog-Würstchen platzieren und Teigbandagen bündig herumwickeln. Oben ein Stückchen Wurst herausgucken lassen (für das Gesicht), dem Würstchen zum Schluss noch eine Kappe aus Teig formen.

- Die Mumien auf das Backblech legen und ca. 15 Minuten backen, anschließend mit Senf oder Ketchup Mund, Nase und Augen auftupfen.

Allergene Senf, Milcherzeugnis, Zutatenliste für Würstchen, Croissantteig und Ketchup auf Allergene prüfen.

Kleiner Energie-Kick

Feigenkugeln

ganzjährig/vegetarisch
Für ca. 25 Kugeln • 20 Min. + 60 Min. Ruhezeit

50 g Haferflocken • ½ Orange • 75 g getrocknete Feigen • 50 g Mandelkerne • 2 EL Honig • 2 EL Sesam

- Haferflocken mit 2 EL Orangensaft in einer Schüssel mischen. Feigen und Mandeln im Blitzhacker zerkleinern, 1 EL Orangensaft und den Honig zufügen, anschließend alles mit den Haferflocken vermengen. Sesamsamen in einer Pfanne ohne Fett rösten, bis es duftet, anschließend auf einen Teller geben, abkühlen lassen.

- Aus der Feigen-Mandel-Masse 25 walnussgroße Kugeln formen und nacheinander im gerösteten Sesam wälzen. 1 Stunde ruhen lassen.

Für kleine Helfer Kugeln rollen, wälzen

Variante Es können auch andere Trockenfrüchte verwendet werden.

Allergene Gluten, Nüsse, Sesam, Schwefeldioxid (falls Feigen geschwefelt)

Blitzeis

Schnelles Erdbeersorbet

Sommer/vegetarisch
Für ca. 10 Kinderportionen • 10 Min.

1 kg tiefgekühlte Erdbeeren • 8 EL Holunderblütensirup • 4 EL Puderzucker • 2 EL Zitronensaft • etwas Minze

- Die leicht angetauten Erdbeeren in ein hohes Gefäß füllen, Holunderblütensirup, Puderzucker und Zitronensaft zufügen und pürieren, bis eine cremig feste Masse entsteht.

- Sofort in Dessertgläser füllen und mit Minzblättchen servieren.

Variante Es eignen sich auch Himbeeren, Blaubeeren oder Beerenmischungen.

Tipp Sollte das Sorbet zu dünn werden, noch mal ins Gefrierfach stellen.

Gesunde Energie

Bananenbrötchen

ganzjährig/vegetarisch
Zutaten pro Portion • 5 Min.

1 Vollkornbrötchen • 2 EL Magerquark oder körniger Frischkäse • 1 kleine Banane • 1 EL gehackte Mandeln oder Haselnusskerne • 20 g gehackte Zartbitterschokolade • etwas Honig

- Vollkornbrötchenhälften leicht antoasten, mit Quark bestreichen und eine Hälfte mit Bananenscheiben, gehackten Mandeln oder Haselnusskernen und Zartbitterschokolade bestreuen, nach Geschmack mit Honig beträufeln.

Allergene Gluten, Milcherzeugnis, Nüsse, Zutatenliste für Zartbitterschokolade auf Allergene prüfen.

Bananenbrötchen

Blitzschnell fertig

Schoko-Ananas-Bananen Wrap

ganzjährig
Für 10 Wraps • 10 Min.

10 dünne Fladen für Wraps • 10 TL Nuss-Nougat-Crème oder Honig • 10 EL Hüttenkäse • 2 kleine Dose Ananasstückchen (oder frische Ananas) • 10 EL Ofenmüsli (S. 46) • 5 Bananen

- Die Fladen mit Nuss-Nougat-Creme oder Honig, dann mit Hüttenkäse bestreichen.

- Ananasstückchen darauf verteilen, je 1 EL Ofenmüsli dazugeben und die der Länge und Breite nach halbierten Bananen oben auflegen und mit etwas Honig beträufeln.

- Wraps aufrollen, ggf. schräg halbieren und mit Cocktailspießen fixieren.

Variante Statt Ofenmüsli kann auch jedes andere Müsli verwendet werden.

Tipp Auch zum Frühstück

Allergene Gluten, Milcherzeugnis, Zutatenliste für Nuss-Nougat Creme auf Allergene prüfen, Ofenmüsli s. Allergene in Rezept

Ist er da, ist er weg

Eiersalat-Thunfisch-Wrap

Sommer
Für 10 Wraps • 25 Min.

10 hart gekochte Eier • 4 kleine Gewürzgurken • 4 TL grober Senf • 4 EL Naturjoghurt • 8 EL Mayonnaise oder Salatcreme • Salz • Pfeffer • etwas Kresse • 4 Dosen Thunfisch in Öl • 2 Bund Rucola • 10 dünne Fladen für Wraps

- Für den Eiersalat die Eier 10 Min. kochen, pellen und klein schneiden. Mit den gehackten Gürkchen, Senf, Joghurt und der Mayonnaise vermischen, mit Salz und Pfeffer abschmecken, ggf. etwas Kresse zufügen. Thunfisch abtropfen lassen, mit der Gabel etwas zerrupfen.

- Eiersalat, Rucola und Thunfisch auf die Wrap-Fladen verteilen und zusammenrollen.

Variante Zusätzlich 1 TL Currypulver zum Eiersalat

Tipp Wraps ggf. in Klarsichtfolie wickeln und 30 Minuten kühlen.

Allergene Gluten, Fisch, Ei, Milcherzeugnis, Senf, Zutatenliste für Mayonnaise auf Allergene prüfen.

Pausenbrot für Feinschmecker

Lachs-Wraps

Sommer
Für 10 Wraps • 20 Min.

400 g Räucherlachs • 400 g Frischkäse • 2 TL fein gehackte Walnüsse • 3 Stängel Dill oder Koriandergrün • 2 Limetten (Saft) • Salz • Pfeffer • 2 kleine Fenchelknollen • 1 Romanasalat • 4 EL Rapsöl • 2 EL Obstessig • 2 TL Honig • 10 dünne Fladen für Wraps

- 100 g vom Räucherlachs fein schneiden, mit dem Frischkäse, den Walnüssen, gehacktem Dill oder Koriandergrün und dem Limettensaft mischen, mit Salz und Pfeffer abschmecken. Fenchelknollen vom Strunk befreien und dünn hobeln, Fenchelgrün fein hacken.

- Romanasalat in Streifen schneiden, mit dem Fenchel mischen und mit einem Dressing aus Rapsöl, Obstessig, Honig, Salz und Pfeffer und Fenchelgrün marinieren. Wrap-Fladen mit dem Frischkäse bestreichen, den restlichen Lachs verteilen, mit dem Salat belegen und aufrollen.

Variante Im Winter mit Chinakohl und Roter Bete

Allergene Gluten, Fisch, Milcherzeugnis, Nüsse

Lachs-Wraps

Gyros-Wraps

Wie beim Griechen

Gyros-Wraps

ganzjährig

Für 10 Wraps • 45 Min.

500 g Weißkohl • 6 EL Rapsöl • 3 EL Essig • 2 TL Zucker • Salz • Pfeffer • 500 Gramm Schweinefleisch (z. B. aus dem Nacken) • 2 Zwiebeln • 3 EL Rapsöl • 2 TL Senf • 2 TL edelsüßes Paprikapulver • 2 TL getrockneter Oregano • 2 gepresste Knoblauchzehen • 500 g Speisequark • 4 EL Naturjoghurt • 100 g geriebene Salatgurke • 1 gepresste Knoblauchzehe • 3 Stängel fein gehackter Dill • Salz • Pfeffer • 10 dünne Fladen für Wraps

- Weißkohl hobeln, mit heißem Wasser überbrühen, abtropfen lassen. Mit 6 EL Rapsöl, 3 EL Essig und Zucker vermischen, mit Salz und Pfeffer abschmecken.

- Fleisch in feine Streifen schneiden, Zwiebeln in Ringe schneiden, beides in einer Schüssel vermischen. Aus 3 EL Rapsöl, Senf, Paprikapulver, Oregano und 2 gepressten Knoblauchzehen eine Marinade anrühren, über das Fleisch geben, einige Minuten ziehen lassen.

- Quark mit dem Naturjoghurt glatt rühren, geriebene Gurke, gepressten Knoblauch und Dill zufügen, mit Salz und Pfeffer würzen.

- Fleisch in einer Pfanne anbraten, dabei aufpassen, dass die Zwiebeln nicht zu dunkel werden. Wrap-Fladen mit der Quarkmischung bestreichen, Fleisch verteilen und nach Geschmack mit Krautsalat belegen.

Variante Der Knoblauch kann durch Schnittlauch ersetzt werden.

Allergene Gluten, Milcherzeugnis, Senf

Fernöstliche Aromen

Asia-Wraps

ganzjährig

Für 10 Wraps • 25 Min.

2 Avocados • Salz • Pfeffer • etwas Zitronensaft • 1 Bund Koriander oder Petersilie • 1 Eisbergsalat • 400 g Hähnchenbrustfilet • 2 EL Rapsöl • 1 – 2 EL geriebener Ingwer • 2 Prisen Zucker • 4 EL helle Sojasauce • 10 dünne Fladen für Wraps • 2 in Streifen geschnittene Paprika (gelb)

- Avocado auslösen, grob zerdrücken, etwas Salz, Pfeffer und Zitronensaft zufügen und mit dem Schneebesen glatt rühren. Nach Geschmack fein gehackten Koriander untermischen.

- Eisbergsalat in dünne Streifen schneiden. Hähnchenbrust in dünne Scheiben schneiden, in Rapsöl 5 Minuten braten, zum Schluss salzen und pfeffern. Anschließend das Fleisch herausnehmen und beiseitestellen. In derselben Pfanne den Ingwer mit 100 ml Wasser, 2 Prisen Zucker und der Sojasauce 3 Minuten einkochen.

- Wrap-Fladen mit Avocadocreme bestreichen, mit Paprikastreifen, Eisbergsalat und Hähnchenbrust belegen und fest aufrollen. Zum Servieren schräg anschneiden, mit Cocktailspießen fixieren und die eingekochte Ingwer-Soja-Sauce zum Dippen in kleinen Schälchen dazureichen.

Variante Das Rezept kann nach Geschmack mit anderen asiatischen Zutaten variiert werden (z. B. Bambus, Thai-Basilikum, Sprossen, Chinakohl). Lassen Sie die Kinder »mitmischen«

Allergene Gluten, Soja

Universeller Wunderwürzer

Sesamsalz

ganzjährig/vegetarisch
1 kleines Schraubglas • 10 Min.

8 EL Sesamsamen (am besten geschält) • 1 – 2 TL Salz

- Die Sesamsamen in eine große Pfanne geben und »rütteln«, damit sie sich gleichmäßig verteilen. Bei mittlerer Hitze rösten, bis sie duften und die Samen anfangen zu hüpfen.

- Geröstete Sesamsamen in einen Mörser geben, 1 TL Salz dazu und noch warm alles gut vermahlen. In einem verschließbaren Glas aufbewahren.

Das passt dazu Topping für Gemüse, Salate und Fleisch

Variante Je nach Pfannen- und Mörsergröße Sesamsamen portionsweise rösten und mit Salz vermahlen.

Allergene Sesam

Als Topping für viele Süßspeisen

Haferflocken-Mandel-Crunch

ganzjährig/vegetarisch
1 kleines Schraubglas • 20 Min.

25 g Butter • 3 EL brauner Zucker • 1½ EL Ahornsirup • 60 g gehackte Mandeln • 100 g kernige Haferflocken • etwas Zimt

- Ofen auf 180 °C vorheizen.

- Butter in einer Pfanne schmelzen, bis sie brutzelt. Zucker und Ahornsirup einrühren, Mandeln und Haferflocken zufügen und 3 Minuten rösten.

- Die Masse auf ein mit Backpapier ausgelegtes Kuchenblech geben und weitere 8 Minuten goldbraun rösten, anschließend auskühlen lassen, nach Geschmack mit etwas Zimt bestreuen.

Variante Statt Ahornsirup kann auch Honig verwendet werden.

Allergene Gluten, Nüsse

Darüber freut sich nicht nur Mama

Salz- oder Gewürzmandeln

ganzjährig/vegetarisch
1 kleines Schraubglas • 30 Min.

1 Eiklar • 2 TL Salz • ggf. 1 TL Curry oder edelsüßes Paprikapulver • 400 g Mandeln (mit oder ohne Schale)

- Ofen auf 180 °C vorheizen.

- Das Eiklar mit dem Schneebesen aufschlagen, bis es halb steif ist. Salz und Gewürze dazu geben und mit dem Mandeln sehr gründlich vermischen.

- Kurz in ein Sieb geben und ggf. überschüssigen Eischnee abtropfen lassen. Mandeln auf ein mit Backpapier ausgelegtes Ofenblech legen und gut verteilen. 10 Minuten backen, Ofenblech herausnehmen und mit dem Pfannenwender die Mandeln etwas bewegen, weitere 5 – 10 Minuten rösten und Acht geben, dass sie nicht zu dunkel werden. Die Mandeln werden erst knackig, wenn sie vollständig ausgekühlt sind.
In einem verschließbaren Behälter aufbewahren.

Variante Anstatt Mandeln eignen sich auch Cashews oder Haselnüsse.

Allergene Nüsse, Ei

Salz- oder Gewürzmandeln

Speck-Brezel-Croutons

Zünftig

Speck-Brezel-Croutons

ganzjährig/laktosefrei

1 kleines Schraubglas • 10 Min.

20 g Butter • 100 g durchwachsener Speck, fein gewürfelt • 2 Brezeln vom Vortag, in feine Scheiben geschnitten • 3 EL Schnittlauch, fein geschnitten

- Butter in der Pfanne schmelzen, Speck dazugeben und kross ausbraten.
- Brezelscheiben dazugeben und in 3–4 Minuten goldbraun rösten. Zum Schluss den Schnittlauch zufügen und alles noch mal gut durchschwenken.
- Vollständig auskühlen lassen und ggf. etwas klein hacken.

Das passt dazu Suppen oder Salate

Variante Auch lecker mit Basilikum oder Petersilie

Allergene Gluten

Die gibt es jetzt immer

Couscous-Brösel

ganzjährig/vegetarisch

1 kleines Schraubglas • ca. 10 Min.

4–5 EL Couscous (ungekocht) • 1/4 TL Salz • 1 Zitrone (1 TL Abrieb) • Muskatnuss oder Macisblüte nach Geschmack

- 4–5 EL ungekochten Couscous in einer Pfanne ohne Öl in ca. 4–5 Min. goldbraun rösten. In der letzten Minute Salz und Zitronenabrieb zufügen.
- Couscous in einer Schale auskühlen lassen. Sobald er lauwarm ist, mit 1 Msp. Muskatnuss oder Macisblüte würzen.

Das passt dazu Blumenkohl, Kartoffelpüree und Gratins

Variante Fügen Sie zusätzlich fein gehackte Kräuter hinzu.

Allergene Gluten

Vielseitig verwendbar

Kräutercroutons

ganzjährig/vegetarisch

1 kleines Schraubglas • 10 Min.

100 g gewürfeltes Weißbrot oder Toast (1 Scheibe Toast ca. 25 g) • 3 Stängel Zitronenthymian • 1 Zitrone (Abrieb) • 1/4 TL Salz • 1–2 EL Raps- oder Olivenöl

- Öl in der Pfanne bei mittlerer Hitze erwärmen
- Brotwürfel zufügen, in ca. 5 Minuten goldbraun rösten. Erst in der letzten Minute gehackte Kräuter, Schalenabrieb und etwas Salz zufügen und alles noch mal gut durchschwenken. Croutons aus der Pfanne nehmen und auskühlen lassen, ggf. in einem verschließbaren Gefäß aufbewahren.

Das passt dazu Salate und viele Suppen

Variante Zitronenthymian kann durch andere Kräuter ersetzt werden.

Allergene Gluten

Pikant frisch

Cornflakes-Brösel

ganzjährig/vegetarisch
1 kleines Schraubglas • 10 Min.

30 g Butter • 30 g ungesüßte Cornflakes • 3 EL Semmelbrösel • Salz • Pfeffer • etwas Zitronenabrieb • 2 EL Kräuter (z. B. Petersilie, Schnittlauch, Kerbel)

- Die Butter in einer Pfanne schmelzen, leicht zerkleinerte Cornflakes und Semmelbrösel zufügen und bei mittlerer Hitze anrösten.
- Salzen und pfeffern, ganz zum Schluss Zitronenabrieb und Kräuter untermischen und auskühlen lassen.

Das passt dazu Spargel und leichtes Gemüse, Pasta

Allergene Gluten

Fruchtig orientalisch

Aprikosen-Nuss-Brösel

ganzjährig/vegetarisch
1 kleines Schraubglas • 15 Min.

3 EL Couscous • 1 EL Semmelbrösel • 2 EL gehackte Mandeln • 1 EL Rapsöl • ¼ TL Salz • ½ TL Ras el Hanout (orientalische Gewürzmischung) oder gemahlener Kreuzkümmel • 30 g getrocknete Aprikosen

- Couscous, Semmelbrösel und Mandeln in etwas Öl 3–4 Minuten bei mittlerer Hitze anrösten. Mit Salz und Ras el Hanout würzen.
- Ganz zum Schluss die klein gehackten Aprikosen untermischen und alles auskühlen lassen.

Das passt dazu Zu orientalischen Gerichten, z. B. auch als Topping für gekochten Couscous

Variante Auch mit anderen Trockenfrüchten

Allergene Gluten, evtl. Schwefeldioxid (falls Aprikosen geschwefelt), Nüsse

Leicht exotisch

Reis-Curry-Brösel

ganzjährig/vegetarisch
1 kleines Schraubglas • 15 Min.

3 EL Basmatireis • ¼ TL Salz • 4 EL Couscous • 2 EL Rapsöl • 1 EL Semmelbrösel • 1 Prise Zucker • ¼ TL Currypulver • 1 Limette (1–2 TL Abrieb)

- Reis und Salz in einer Pfanne ohne Fett 4 Minuten anrösten und in einem Mörser zerstoßen.
- Couscous in 2 EL Rapsöl bei mittlerer Hitze 3 Minuten anrösten, Semmelbrösel, Zucker und Curry zufügen.
- Pfanne vom Herd ziehen, Limettenabrieb untermischen und leicht auskühlen lassen, mit dem zerstoßenen Salz-Reis-Gemisch vermengen.

Das passt dazu Reisgerichte, sahnige Suppen oder Gemüse

Variante Statt Currypulver kann auch edelsüßes Paprikapulver verwendet werden.

Allergene Gluten

Sollte man gut verstecken

Nusskrokant

ganzjährig/vegetarisch
1 kleines Schraubglas • ⏲ 35 Min.

75 g Zucker • 1 TL Butter • 1 EL gehackte Haselnüsse • 1 EL Mandelstifte • 1 EL kernige Haferflocken • 1 EL Sonnenblumenkerne

- Zucker in eine Pfanne geben und bei mittlerer Hitze schmelzen, erst rühren, wenn der Zucker geschmolzen ist. Sobald er anfängt zu schäumen, die Butter zufügen und zergehen lassen.

- Haselnüsse, Mandelstifte, Haferflocken und Sonnenblumenkerne zufügen, unter Rühren kurz hellbraun anrösten, dann zügig auf einen Bogen Backpapier geben. Mit einem zweiten Bogen Backpapier bedecken und mit einem Nudelholz flach walzen. Krokant auskühlen lassen und in Stücke zerbrechen oder hacken.

Das passt dazu Eis, Desserts oder Obstsalat

Variante Auch für andere Nussarten oder Kerne geeignet

Allergene Gluten, Nüsse

Fruchtig und gesund

Süße Vollkornbrösel

ganzjährig/vegetarisch
1 kleines Schraubglas • ⏲ 15 Min.

4 Scheiben dunkles grobes Vollkornbrot • 2–3 TL Rapsöl • 2 TL flüssiger Honig • 1 EL Semmelbrösel • 1 EL gehackte Cranberries • etwas Zimt

- Brotscheiben würfeln, in Öl bei mittlerer Hitze rösten, bis es duftet.

- Honig zufügen, gut durchrühren, zum Schluss die Semmelbrösel und Cranberries untermischen. In einer Schüssel auskühlen lassen und mit etwas Zimt aromatisieren.

Das passt dazu Desserts, Eis oder Obstsalat

Allergene Gluten, Schwefeldioxid (falls Cranberries geschwefelt)

Auch zum Einfach-so-Knabbern

Parmesan-Honig-Croutons

ganzjährig/vegetarisch
1 kleines Schraubglas • ⏲ 10 Min.

1–2 EL Raps- oder Olivenöl • 1 TL flüssiger Honig • 100 g gewürfeltes Weißbrot oder 4 Scheiben Toastbrot • 1 EL geriebener Parmesan

- Öl in der Pfanne erhitzen, Honig zufügen und verrühren. Brotwürfel dazugeben und ca. 4 Minuten goldbraun rösten.

- Anschließend mit fein geriebenem Parmesan bestreuen, 1 Minute weiterrösten, anschließend auskühlen lassen.

Das passt dazu Salate und viele Suppen

Allergene Gluten, Milcherzeugnis

Sesam-Creme

Nussige Note

Sesam-Creme

ganzjährig/vegetarisch
Für 10 Kinderportionen • 5 Min.

4 EL Tahin (Sesampaste) • 500 g Naturjoghurt • etwas edelsüßes Paprikapulver • 2 Prisen gemahlener Kreuzkümmel • 5 TL Zitronensaft • 1 TL Salz • 2 EL Sesamsalz (S. 154)

- Zutaten (außer Sesamsalz) mit dem Schneebesen verrühren, mit Zitronensaft und Salz abschmecken.
- Erst zum Schluss mit dem Sesamsalz nach Geschmack bestreuen.

Allergene Milcherzeugnis, Sesam

Für Rohkost

Avocado-Banane-Dip

ganzjährig/vegetarisch
Für 10 Kinderportionen • 10 Min.

5 weiche Avocados • 5 Bananen • 250 g Naturjoghurt • 1 gepresste Knoblauchzehe • Salz • Pfeffer

- Avocados auslösen, mit den Bananen klein drücken.
- Joghurt, Knoblauch, Salz und Pfeffer zufügen und alles mit dem Schneebesen gut verrühren.

Variante Auf den Knoblauch kann auch verzichtet werden.

Allergene Milcherzeugnis

Der Allrounder

Basilikum-Dip

Sommer/vegetarisch
Für ca. 10 Kinderportionen • 10 Min.

500 g Quark • 300 g Schmand oder Sauerrahm • 1 Zitrone • Salz • Pfeffer • 2 Bund Basilikum • 2 EL Rapsöl

- Quark, Schmand und Zitronensaft glatt rühren, salzen und pfeffern.
- Basilikumblätter mit Rapsöl und etwas von der Quark-Schmand-Masse pürieren.
- Beide Cremes mischen und mit Salz und Pfeffer abschmecken.

Variante Mit Tomatenstückchen verfeinern.

Allergene Milcherzeugnis

Mit und ohne Ei

Selbstgemachte Mayonnaise

ganzjährig/vegetarisch
Für je gut 400 ml • 5 Min.

mit Ei: 300 ml Rapsöl • 2 TL Senf • 2 hart gekochte, zerkleinerte Eier • 5 EL saure Sahne • 1 TL Salz • 1 EL Zitronensaft
ohne Ei: 160 ml Milch • 360 ml Rapsöl • 6 EL Gurkensud • 2 EL saure Sahne • 1 TL Salz • 1 EL Zitronensaft

● Jeweils die ersten drei Zutaten in ein hohes, schmales Gefäß füllen und mit dem Pürierstab langsam von unten nach oben aufschlagen. Erst anschließend Salz, saure Sahne und Zitronensaft mit den jeweils restlichen Zutaten verrühren und abschmecken.

Variante Es können nach Belieben Kräuter zugefügt werden.

Tipp Klassischerweise wird Mayonnaise mit rohen Eiern hergestellt, die aber in der Gemeinschaftsverpflegung nicht verwendet werden dürfen. Mit gekochten Eiern lässt sich aber auch eine gute Mayonnaise herstellen.

Allergene ggf. Ei, ggf. Senf (auch in Gurkensud), Milcherzeugnis

Statt mit Kichererbsen

Erbsen-Hummus

Sommer/vegetarisch
Für ca. 10 Kinderportionen • 15 Min.

600 g TK-Erbsen • 2 EL Tahin (Sesampaste) • etwas Zitronensaft • 2 EL Olivenöl • ½ gepresste Knoblauchzehe • 2 Prisen gemahlener Kreuzkümmel • 3 EL gehackte Petersilie • Salz • Pfeffer

● Erbsen 5 Minuten in Salzwasser garen, abgießen, abschrecken und gut abtropfen lassen.

● Erbsen, Tahin, Zitronensaft, Öl, Knoblauch und Kreuzkümmel in einen Mixer geben und pürieren, ggf. etwas Wasser zufügen, Petersilie untermischen. Salzen und pfeffern.

Variante Etwas sanfter wird dieser Dip durch Zugabe von 2 EL Sauerrahm.

Allergene Sesam, ggf. Milcherzeugnis

Frisch im Geschmack

Joghurt-Dip nach türkischer Art

Sommer/vegetarisch
Für 10 Kinderportionen • 5 Min.

600 g Naturjoghurt • 1 Spritzer Zitronensaft • 2 EL Olivenöl • 1 EL Honig • je 1 EL gehackte Petersilie und Basilikum • 1 fein geschnittene Frühlingszwiebel • Salz und Pfeffer

● Alle Zutaten miteinander verrühren, etwas ziehen lassen.

Variante Statt Petersilie kann auch Minze verwendet werden.

Allergene Milcherzeugnis

Joghurt-Dip nach türkischer Art

Labne

Nur eine Zutat

Labne

ganzjährig/vegetarisch
Für ca. 10 Kinderportionen • ⏲ einige Stunden (Abtropfen)

500 g Naturjoghurt

● Einen Kaffeefiltereinsatz auf ein Gefäß zum Abtropfen stellen (z. B. Topf, Schale) mit einem Kaffeefilter oder einem sauberen Leintuch bestücken und den Joghurt hineingeben. Den Joghurt mehrere Stunden abtropfen lassen, bis sich eine Masse von der Konsistenz von Frischkäse gebildet hat.

Variante Als Dip mit etwas Zitronensaft, Salz und Olivenöl, als Aufstrich mit Fruchtmus, Honig oder Marmelade.

Allergene Milcherzeugnis

Karibisch lecker

Mango-Frischkäse

ganzjährig/vegetarisch
Für ca. 10 Kinderportionen • ⏲ 10 Min.

1 reife Mango • 500 g Frischkäse • etwas Puderzucker oder Agavendicksaft

● Mangofleisch auslösen und im Mixer pürieren.

● Anschließend mit dem Frischkäse vermengen und ggf. mit Puderzucker oder Agavendicksaft nachsüßen.

Variante Himbeer- oder Pfirsichmark eignet sich ebenfalls.

Allergene Milcherzeugnis

Sehr aromatisch

Kürbiskernbutter

Herbst/vegetarisch
Für 1 Päckchen Butter • ⏲ 15 Min. + Kühlzeit

60 g Kürbiskerne • 250 g weiche Butter • 3 EL Kürbiskernöl • Salz

● Die Kürbiskerne ohne Fett anrösten und im Blitzhacker zerkleinern.

● Mit der weichen Butter vermischen, mit Kürbiskernöl und Salz abschmecken und kühl stellen.

Tipp Als Aufstrich oder wie Kräuterbutter verwenden, z. B. für Fleisch

Allergene Milcherzeugnis

Schneeflöcken, Weißröckchen

Wer Schneemänner bauen will, braucht nicht nur was für die Muckis, sondern auch Vitamine, die vor dem Triefnasenwetter schützen. Unsere Adventrezepte bieten Ideen, die Lust aufs Nachkochen machen. Aber: Die letzte Möhre ist für den Schneemann!

Mit viel Vitamin C

Warmer Holunder-Drink mit Birne

Sommer/Herbst/vegetarisch

Für 10 Kinderportionen • ⏲ 35 Min.

800 g Holunderbeeren • 800 ml Johannisbeersaft (schwarz) • 400 ml Apfelsaft • 1 – 2 Vanilleschoten • abgeriebene Zitronenschale • 2 EL Honig • 4 kleine, weiche Birnen

- Holunderbeeren verlesen und abspülen.

- Johannisbeer- und Apfelsaft mit 1 Tasse Wasser, aufgeschlitzter Vanilleschote, 1 EL abgeriebener Zitronenschale und Honig erwärmen, 10 Minuten sanft köcheln lassen.

- Birnen schälen, entkernen und achteln. Köchelnden Saft durch ein Sieb in einen anderen Topf gießen, Birnen und Holunderbeeren dazugeben und weitere 3 Minuten ziehen lassen. Warm oder kalt servieren, ggf. mit Honig nachsüßen.

Variante Statt Birnen eignen sich auch Pflaumen.

Geheimtipp vom Weihnachtsmann

Mini-Weihnachtsstollen

Winter/vegetarisch

Für 25 – 30 Stück • ⏲ 1 Std.

1 Orange (Saft, Abrieb) • 1 Zitrone (Saft, Abrieb) • 150 g gehacktes Trockenobst (z. B. Datteln, Feigen, Cranberries) • 2 TL Zimtzucker • 100 g weiche Butter • 75 g brauner Zucker • 150 g Magerquark • 300 g Dinkelvollkornmehl • 3 EL gehackte Nüsse • 2 TL Orangeat • 1 TL Backpulver • 50 g flüssige Butter • Puderzucker zum Wälzen

- Ofen auf 190 °C vorheizen. Zitronen- und Orangensaft mit dem Trockenobst kurz aufkochen, Schalenabriebe und Zimtzucker zufügen, etwas abkühlen lassen.

- Weiche Butter und Zucker schaumig schlagen, Quark, Mehl, Nüsse, Orangeat, Backpulver, Trockenfrüchte mit Saft zugeben. Alles zu einem Teig verarbeiten. Teig in 4 Portionen teilen, zu Rollen formen und kleine Barren abstechen, auf ein Backblech legen, 15 Minuten backen. Die Ministollen noch warm mit flüssiger Butter bepinseln, auskühlen lassen und mit Puderzucker bestreuen.

Allergene Gluten, Milcherzeugnis, Nüsse, Schwefeldioxid (falls Trockenobst geschwefelt)

Die machen glücklich

Semmelknödel

ganzjährig/vegetarisch
Für 10 Kinderportionen • 45 Min. + Ruhezeit

12 altbackene Brötchen • 450 ml Milch • 2 gewürfelte Zwiebeln • 2 EL Butter • 4 Eier • 5 EL fein gehackte Petersilie • Salz • Pfeffer

- Brötchen in feine Würfel oder Scheiben schneiden, in warmer Milch mindestens 20 Minuten einweichen.

- Zwiebeln in Butter glasig dünsten, Eier mit der Petersilie verschlagen.

- Alle Zutaten zusammenfügen, salzen und pfeffern, Knödel formen und für mindestens 30 Minuten in den Kühlschrank stellen. Knödel anschließend in reichlich siedendem Salzwasser ca. 15 Minuten garen.

Variante Für Speckknödel 150 g Speckwürfel ausbraten und unter die Knödelmasse mischen.

Allergene Gluten, Milcherzeugnis, Ei

Säuerlich aromatisch

Rotkohl

Sommer/Herbst/vegetarisch
Für 10 Kinderportionen • 1 Std. 15 Min.

4 EL Gänse- oder Schweineschmalz oder Rapsöl • 2 große gewürfelte Zwiebeln • 2 Rotkohlköpfe (je ca. 1 kg) • 500 ml Gemüsebrühe • 100 ml Apfelessig • Salz • 2 EL Zucker • 2 Lorbeerblätter • 1 Zimtstange • 5 Wacholderbeeren • 2 große Äpfel • 2 TL Kartoffelstärke • 8 EL rotes Fruchtgelee • Pfeffer

- Fett im großen Topf erhitzen. Zwiebel und fein gehobelten Rotkohl 4–5 Minuten anschwitzen. Mit Gemüsebrühe und Essig ablöschen. 2 TL Salz, 2 EL Zucker, Lorbeerblätter, Zimtstange und Wacholderbeeren (im Teesieb) unterrühren, zugedeckt ca. 30 Minuten schmoren.

- Die Äpfel entkernen, schälen und würfeln, zum Rotkohl geben und weitere 30 Minuten schmoren.

- Für eine »schmurgelige« Konsistenz die Stärke in etwas Wasser auflösen und mit dem Fruchtgelee unter den Rotkohl mischen.

- Mit Salz, Pfeffer, Zucker und Essig abschmecken. Zum Schluss Lorbeerblätter, Zimtstange und Wacholderbeeren wieder entfernen.

Allergene Zutatenliste für Brühe auf Allergene prüfen.

Wie zu Omas Zeiten

Pfeffernüsse

Winter/vegetarisch
Für ca. 30 Pfeffernüsse • 35 Min.

5 EL Milch • 2 Eier • 50 g gemahlene Mandeln • 300 g Zucker • ½ Bio-Orange (Saft, 1 TL Abrieb) • ½ Bio-Zitrone (Saft, 1 TL Abrieb) • 500 g Mehl • 1 Tütchen Backpulver • 3 TL Lebkuchengewürz • 250 g dunkle Kuvertüre • 1 EL rosa Pfefferbeeren

- Ofen auf 180 °C vorheizen.

- Milch und Eier verschlagen. Gemahlene Mandeln, Zucker, Fruchtsaft, Schalenabrieb, Mehl, Backpulver und Lebkuchengewürz zufügen und alles gut verkneten, am besten mit einer Küchenmaschine.

- Mit angefeuchteten Händen etwa kirschgroße Mengen vom Teig abnehmen, zu Kugeln formen und mit etwas Abstand auf ein mit Backpapier ausgelegtes Kuchenblech legen. 15 Minuten backen, anschließend etwas auskühlen lassen.

- Inzwischen die Kuvertüre im Wasserband schmelzen. Die Pfeffernüsse »kopfüber« in die flüssige Schokolade tunken und auf ein Kuchengitter legen. Die rosa Pfefferbeeren mit den Fingern zerbröseln und nach Geschmack über die noch feuchten Pfeffernüsse streuen.

Allergene Gluten, Nüsse, Ei, Milcherzeugnis

GETRÄNKE

Sommer im Glas

Beeren-Smoothie

Sommer/vegetarisch
Für 10 Kinderportionen • 5 Min.

400 g gemischtes Beerenobst (z. B. Blaubeeren, Himbeeren, Johannisbeeren) • 2 Bananen • 4 EL Haferflocken • 1 l Buttermilch oder Milch • Holunderblütensirup

● Alle Zutaten pürieren. Nach Geschmack mit Holunderblütensirup süßen.

Für kleine Helfer Beeren verlesen

Variante Probieren Sie zum Süßen auch unsere Sirup-Rezepte (Zitronensirup (S. 173), Rhabarbersirup (S. 173)).

Allergene Gluten, Milcherzeugnis

Vollwertig fruchtig

Sommer-Smoothie

Sommer/vegetarisch
Für 10 Kinderportionen • 10 Min.

10 frische Aprikosen • 5 Nektarinen • 10 getrocknete Aprikosen • 5 EL Haferflocken • 5 EL Sonnenblumenkerne • 5 EL gemahlene Mandeln • 5 EL Leinsamen • 250 ml Naturjoghurt • 1250 ml Apfelsaft • 5 EL Honig

- Das Obst entkernen und klein schneiden, anschließend mit den anderen Zutaten pürieren.

Variante Statt Aprikosen eignen sich auch Mirabellen oder Weinbergpfirsiche.

Allergene Gluten, Schwefeldioxid (falls getrocknete Aprikosen geschwefelt), Nüsse, Milcherzeugnis

Am besten gekühlt

Mango-Sesam-Smoothie

ganzjährig/vegetarisch
Für 10 Kinderportionen • 10 Min.

2½ EL Sesamsamen • Fruchtfleisch von 2½ reifen Mangos • 625 ml Apfelsaft • 750 ml Milch • 250 g Naturjoghurt • 5 EL gemahlene Mandeln • 5 EL Honig

- Sesamsamen ohne Fett in einer Pfanne leicht anrösten. Anschließend mit allen Zutaten pürieren.

Variante Statt Honig kann Agavendicksaft oder heller Sirup verwendet werden.

Tipp Die Mango am Kern entlang durchschneiden, Fruchtfleisch mit dem Löffel auslösen.

Allergene Milcherzeugnis, Nüsse, Sesam

Alternative zu Milch

Mandelmilch

ganzjährig/vegetarisch
Für gut 1 Liter • 20 Min.

200 g Mandeln (mit oder ohne Haut) • 1 l Wasser • 1 TL Vanilleextrakt • Süße nach Geschmack

- Mandeln 15 Minuten in Wasser einweichen, Vanilleextrakt zufügen und alles 2 Minuten auf höchster Stufe pürieren.
- Anschließend durch ein Passiertuch (sauberes Geschirrtuch) abseihen und in eine sterile Flasche füllen. Mit Agavendicksaft, Honig oder Zucker nach Geschmack süßen oder pur belassen.

Tipp Mandelmilch wie normale Milch verwenden, geschmacklich ähnlich.

Allergene Nüsse

Mandelmilch

Türkisches Erfrischungsgetränk

Ayran

ganzjährig/vegetarisch
Für 10 Kinderportionen • 5 Min.

750 g türkischer Joghurt •
750 ml Wasser • Salz

- Alle Zutaten aufmixen und leicht salzen.

Variante Statt türkischen Joghurts kann auch normaler Naturjoghurt mit Sauerrahm im Verhältnis 3 : 1 verwendet werden. Ebenfalls lecker: etwas gehackte Petersilie untermischen.

Tipp Schmeckt zu orientalischen Gerichten und Rohkost.

Allergene Milcherzeugnis

Einfach selbst gemacht

Kakaogetränk

ganzjährig/vegetarisch
Für 600 g fertiges Pulver • 5 Min.

200 g Bio-Milchpulver • 200 g Kakaopulver (echter Kakao) • 2 EL gemahlene Vanille • etwas gemahlene Muskatnuss • 200 g Rohrzucker

- Für das Kakaopulver alle Zutaten mischen.

- Für einen Kakao 2 EL Kakaomischung in ein Glas geben, mit heißem Wasser auffüllen und umrühren.

Tipp Achten Sie beim Kauf der Zutaten hier besonders auf gute Qualität.

Allergene Milcherzeugnis

Glücksmoment an grauen Tagen

Bananen-Schoko-Smoothie

ganzjährig/vegetarisch
Für 10 Kinderportionen • 5 Min.

3 Bananen • 5 EL Erdnussbutter •
½ TL Zimt • 5 Datteln • 5 Kugeln Schokoladeneis • 1500 ml Milch

- Alle Zutaten pürieren.

Variante Statt Datteln können auch getrocknete Feigen verwendet werden.

Tipp Keine Erdnüsse und Erdnussprodukte für Kinder unter vier Jahren (können Allergien auslösen).

Allergene Milcherzeugnis, Erdnüsse, Schwefeldioxid (falls Datteln geschwefelt)

So schmeckt der Frühling

Rhabarbersirup

Frühling/vegetarisch

Für gut 1,5 Liter • 45 Min.

1 kg Rhabarber, geputzt, in Stücke geschnitten • 1 l Wasser • 1,5 kg Zucker • 200 ml Zitronensaft

- Rhabarber in Wasser ca. 20 Minuten kochen. Flüssigkeit abseihen, mit dem Zucker versetzen und umrühren, bis er sich aufgelöst hat.

- Mit dem Zitronensaft kurz aufkochen und sofort in sterile Flaschen füllen. Mit Mineralwasser im Verhältnis 1 : 5 mischen.

Tipp Verwenden Sie möglichst reife (rote) Rhabarber-Stangen.

Für die beste Zitronenlimo

Zitronensirup

ganzjährig/vegetarisch

Für ca. 1 Liter • 1½ Std. inkl. Auskühlzeit

1 kg Zucker • 5 Stängel Minze • 750 ml Wasser • 8 Bio-Zitronen (Saft, Abrieb)

- Zucker in Wasser bei mittlerer Hitze auflösen. Dann 15 Minuten kochen, vom Herd ziehen.

- Frische Minze, 500 ml Zitronensaft und Schalenabrieb von 5 Zitronen zufügen und vollständig erkalten lassen. Sirup durch ein Sieb abseihen und in sterilisierte Flaschen füllen.

Variante Statt Zitronen können auch Limetten (+ 2) verwendet werden.

Tipp Als frische Süße oder für Limo im Verhältnis 1 : 5 mit Mineralwasser mischen.

Mit frischen Himbeeren

Himbeer-Eistee

Sommer/vegetarisch

Für gut 1 Liter • 1 Std. inkl. Auskühlzeit

1 Liter Früchtetee • 2 Scheiben Ingwer • 250 g Himbeeren • 100 ml Himbeersirup

- Früchtetee herstellen und mit 2 Scheiben Ingwer auskühlen lassen. Ingwerscheiben wieder entfernen.

- Himbeersirup und frische Himbeeren zufügen. Mit Eiswürfeln servieren.

Variante Schmeckt auch mit allen anderen Beeren.

BACKEN

Kuchen mit Knabberschicht

Knuspernusskuchen

ganzjährig/vegetarisch

Für 1 flache, rechteckige Kuchenform • ⏱ 50 Min.

Für den Teig: 100 g sehr weiche Butter • 180 g Zucker • 1 Tütchen Vanillezucker • 200 g Mehl • 6 EL Sahne • 4 Eier • 3 TL Backpulver

Für die Schicht: 130 g Butter • 200 g Zucker • 8 EL Sahne (oder Milch) • 100 g gehobelte Mandeln • 100 g Sonnenblumenkerne • 2 EL Sesam

- Backofen auf 200 °C vorheizen.

- Für den Teig alle Zutaten vermengen, glatt rühren und in eine gebutterte Kuchenform (40 × 30) geben, er sollte etwa 2 cm hoch den Boden bedecken. Kuchenform für 15 – 20 Minuten in den Ofen stellen.

- Für den Belag Butter und Zucker in einen Topf geben und zum Kochen bringen. Sahne, Kerne und Sesam zufügen, nochmals kurz aufkochen. Den vorgebackenen Teig aus dem Ofen nehmen und den Belag gleichmäßig darauf verteilen, nochmals für 20 Minuten in den Ofen stellen und fertig backen.

Allergene Gluten, Milcherzeugnis, Ei, Sesam

Orangenmichel

Am liebsten jeden Tag

Orangenmichel

Sommer/vegetarisch
Für 10 Kinderportionen • 45 Min.

12 Milchbrötchen vom Vortag • 6 Bio-Orangen • 1 l Milch • 2 Päckchen Puddingpulver (für jeweils 500 ml Milch) • 4 Eigelbe • 2 Prisen Salz • 200 g Zucker • 4 EL Mandelstifte • 4 EL Rosinen oder Cranberries • Puderzucker oder Zimtzucker zum Bestreuen

- Ofen auf 180 °C vorheizen.

- Milchbrötchen in 1 cm dicke Scheiben schneiden. Von einer Orange etwas Schale abreiben (ca. 2 TL). Orangen großzügig mit dem Messer schälen, Filets herausschneiden und diese mit den Brötchenscheiben schuppenförmig in eine gebutterte, feuerfeste Form schichten.

- Entsprechend der Packungsangabe einen Pudding kochen, etwas abkühlen lassen, die Eigelbe, Salz, Orangenabrieb und restlichen Zucker einrühren. Den Guss über den Auflauf gießen, Mandelstifte und Rosinen darüber streuen und 25 Minuten backen. Mit Puderzucker oder Zimtzucker bestreuen.

Für kleine Helfer Milchbrötchen und Orangen einschichten.

Variante Auch lecker mit Schokopudding und Blutorangen

Allergene Gluten, Nüsse, Ei, Milcherzeugnis, Schwefeldioxid (falls Rosinen, Cranberries geschwefelt)

Für Hefestudien

Ganz-von-selber-Brot

ganzjährig/vegetarisch
Für 1 Brot • 1 Std. + 18 Std. Ruhezeit

½ TL Trockenhefe • 470 g lauwarmes Wasser • 600 g Mehl • 1 TL + 1 Prise Salz • unbedingt erforderlich: ein gusseiserner Topf mit Deckel, Durchmesser ca. 30 cm

- Trockenhefe in 1 EL lauwarmem Wasser auflösen. In einer großen Schüssel Mehl und Salz vermischen, unter Rühren mit dem Kochlöffel das Wasser und die gelöste Hefe zufügen. (Achtung: Nur kurz rühren, die Zutaten verbinden sich während der Gärungszeit von allein). Teig zugedeckt 16 – 18 Stunden stehen lassen.

- Den (sehr zähen) Teig mit dem Kochlöffel auf eine gut bemehlte Arbeitsfläche stürzen, mit einem Teigschaber zur Mitte hin 3 – 4-mal übereinanderschlagen. Teig weitere 2 Stunden abgedeckt in der bemehlten Schüssel oder in einem Gärkörbchen gehen lassen.

- Nach 1½ Stunden den Ofen auf maximale Leistung vorheizen, gusseisernen Topf mit vorheizen. Topf aus dem Ofen nehmen (Achtung: Topflappen), den Teig hineinstürzen und den Deckel sofort schließen (Topflappen!). Sollte der Topf nicht emailliert sein, vorher mit Backpapier auslegen. Das Brot 40 – 45 Minuten bei geschlossenem Deckel backen. Keinesfalls vorher den Deckel anheben.

Variante Dem Brot können auch Kerne und Gewürze zugefügt werden.

Tipp Ein tolles, sehr einfach herzustellendes Brot mit Erfolgsgarantie und Aha-Oho-Erlebnis. Toll zum Hefe-Beobachten.

Allergene Gluten

Die mit dem Loch

Bagels

ganzjährig/vegetarisch

Für ca. 8 – 10 Bagels • 50 Min. + 60 Min. Ruhezeit

1 Tütchen Trockenhefe • 600 g Mehl • 2 TL Salz • 2 EL Honig • 3 EL Rapsöl • 1 Eiklar • 350 ml Wasser • je 1 EL Mohn, Sesam oder Leinsamen

- Hefe in etwas lauwarmem Wasser auflösen. Mehl und Salz mischen. Honig, Öl und gelöste Hefe zufügen, alles gut verkneten, 1 Stunde ruhen lassen.

- Teig in 8 Portionen teilen und flache runde Teiglinge formen. Mit dem Stiel eines Kochlöffels ein Loch in die Mitte drücken und Teiglinge (wie einen »Hula-Hoop-Reifen«) um den Kochlöffel drehen.

- Ofen auf 200 °C vorheizen.

- In einem großen Kochtopf Wasser bis knapp vor den Siedepunkt erhitzen, Teiglinge 30 Sekunden darin schwimmen lassen, einmal wenden. Teigringe auf ein Backblech legen, kurz antrocknen lassen und mit Eiklar bepinseln. Schließlich mit Mohn, Sesam oder Leinsamen bestreuen und ca. 20 Minuten backen.

Allergene Gluten, Ei, ggf. Sesam

Super zum Dippen

Käsekekse

ganzjährig/vegetarisch

Für ca. 50 Stück • 35 Min. + 30 Min. Ruhezeit

300 g feines Hartweizenmehl • 100 g Dinkelmehl • 2 Eigelbe • 240 g kalte Butter • ½ TL Backpulver • 150 g geriebener Parmesankäse • ½ TL Salz • 2 Eigelbe • 4 EL Milch • je 2 EL Sesam-, Fenchel- und Kümmelsamen

- Mehle, 2 Eigelbe, Butter, Backpulver, Parmesan und Salz zu einem Teig verkneten und 30 Minuten im Kühlschrank ruhen lassen.

- Teig (in 2 Portionen) auf einer bemehlten Arbeitsfläche ausrollen, Kekse ausstechen und auf ein mit Backpapier ausgelegtes Backblech legen. Ofen auf 190 °C vorheizen.

- Die anderen Eigelbe mit 4 EL Milch vermischen, Kekse damit bestreichen und nach Belieben mit Samen bestreuen. 8 – 9 Minuten backen und auskühlen lassen.

Variante Die Kekse können zusätzlich vor dem Backen mit etwas Reibekäse bestreut werden.

Allergene Gluten, Ei, Milcherzeugnis, ggf. Sesam

Erdbeeren satt

Überbackene Erdbeeren

Frühling/Sommer/vegetarisch

Für 10 Kinderportionen • 20 Min.

1500 g Erdbeeren • 6 Eier • 4 Tütchen Vanillezucker • 300 g Quark • 300 g Frischkäse • Salz • 200 g Zucker • Puderzucker zum Bestäuben • 100 g gehackte Pistazien

- Ofengrill vorheizen.

- Erdbeeren putzen und vierteln, in eine feuerfeste Form geben. Eier trennen. Eigelbe mit Vanillezucker, Quark und Frischkäse glatt rühren. Das Eiklar mit 2 Prisen Salz steif schlagen, dabei Zucker einrieseln lassen.

- Die beiden Massen vorsichtig miteinander vermengen und auf den Erdbeeren verteilen. Für wenige Minuten im Ofen gratinieren, bis es oben leicht braun wird. Zum Servieren mit Puderzucker und Pistazien bestreuen.

Allergene Ei, Milcherzeugnis, Nüsse

Überbackene Erdbeeren

Rezeptverzeichnis

Jahreszeitenverzeichnis

Ganzjährig

Frühling

Sommer

Stichwortverzeichnis

Bibliografische Information der Deutschen Nationalbibliothek
Die Deutsche Nationalbibliothek verzeichnet diese Publikation in der Deutschen Nationalbibliografie; detaillierte bibliografische Daten sind im Internet über http://dnb.d-nb.de abrufbar.

Programmplanung: Uta Spieldiener

Redaktion: Dr. Sabine Klonk, Stuttgart
Bildredaktion: Christoph Frick

Umschlaggestaltung:
Dominique Loenicker, Stuttgart

Coverfoto: Laif Agentur für Photos & Reportagen GmbH, Köln
Fotos im Innenteil: Guido Schmelich, München
Foodstyling: Sara Sabri

1. Auflage

Printed in Germany

Satz und Repro: Ziegler und Müller, Kirchentellinsfurt
gesetzt in: APP/3B2, Version 9.1 Unicode
Druck: AZ Druck und Datentechnik GmbH, Kempten

Gedruckt auf chlorfrei gebleichtem Papier

ISBN 978-3-8304-8085-3

1 2 3 4 5 6

Auch erhältlich als E-Book:
eISBN (ePUB) 978-3-8304-8086-0
eISBN (PDF) 978-3-8304-8087-7

Wichtiger Hinweis: Wie jede Wissenschaft ist die Medizin ständigen Entwicklungen unterworfen. Forschung und klinische Erfahrung erweitern unsere Erkenntnisse. Ganz besonders gilt das für die Behandlung und die medikamentöse Therapie. Bei allen in diesem Werk erwähnten Dosierungen oder Applikationen, bei Rezepten und Übungsanleitungen, bei Empfehlungen und Tipps dürfen Sie darauf vertrauen: Autoren, Herausgeber und Verlag haben große Sorgfalt darauf verwandt, dass diese Angabe dem Wissensstand bei Fertigstellung des Werkes entsprechen. Rezepte werden gekocht und ausprobiert. Übungen und Übungsreihen haben sich in der Praxis erfolgreich bewährt.

Eine Garantie kann jedoch nicht übernommen werden. Eine Haftung des Autors, des Verlags oder seiner Beauftragten für Personen-, Sach- oder Vermögensschäden ist ausgeschlossen.

Geschützte Warennamen (Warenzeichen) werden **nicht** besonders kenntlich gemacht. Aus dem Fehlen eines solchen Hinweises kann also nicht geschlossen werden, dass es sich um einen freien Warennamen handelt.

Die abgebildeten Personen haben in keiner Weise etwas mit der Krankheit zu tun.

Liebe Leserin, lieber Leser,

hat Ihnen dieses Buch weitergeholfen? Für Anregungen, Kritik, aber auch für Lob sind wir offen. So können wir in Zukunft noch besser auf Ihre Wünsche eingehen.

Schreiben Sie uns, denn Ihre Meinung zählt!

Ihr TRIAS Verlag

E-Mail-Leserservice:
kundenservice@trias-verlag.de

Adresse:
Lektorat TRIAS Verlag
Postfach 30 05 04
70445 Stuttgart
Fax: 0711-89 31-748